錢穆先生全集

錢穆先生全集

［新校本］

文化學大義

九州出版社

圖書在版編目（CIP）數據

文化學大義／錢穆著．-- 北京：九州出版社，2011.7（2024.4 重印）
（錢穆先生全集）
ISBN 978-7-5108-1011-4

Ⅰ．①文…　Ⅱ．①錢…　Ⅲ．①文化學－文集　Ⅳ．①G0-53

中國版本圖書館 CIP 數據核字（2011）第 100609 號

文化學大義

作　　者　錢　穆　著
責任編輯　劉瑞蛟　周敏浩
出版發行　九州出版社
裝幀設計　陸智昌　張萬興
地　　址　北京市西城區阜外大街甲 35 號
郵　　編　100037
發行電話　（010）68992190/3/5/6
網　　址　www.jiuzhoupress.com
印　　刷　三河市東方印刷有限公司
開　　本　635 毫米 × 970 毫米　16 開
插頁印張　0.5
印　　張　14
字　　數　158 千字
版　　次　2011 年 7 月第 1 版
印　　次　2024 年 4 月第 3 次印刷
書　　號　ISBN 978-7-5108-1011-4
定　　價　56.00 元

文化學大義

錢穆先生手迹

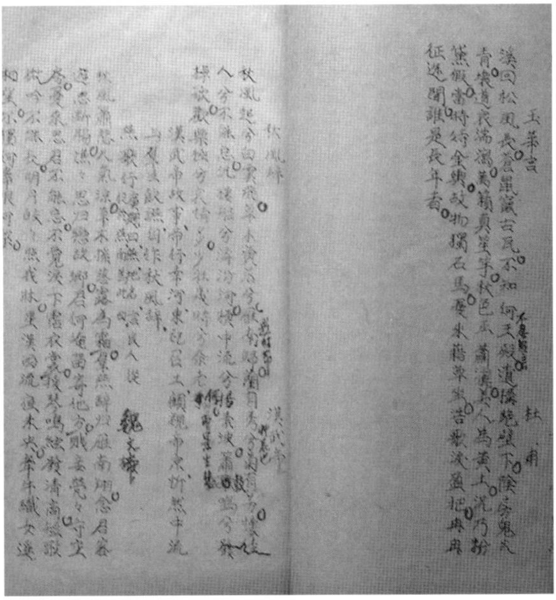

錢穆先生著作

新校本說明

錢穆先生全集，在臺灣經由錢賓四先生全集編輯委員會整理編輯而成，臺灣聯經出版事業公司一九九八年以「錢賓四先生全集」為題出版。作為海峽兩岸出版交流中心籌劃引進的重要項目，這次出版，對原版本進行了重排新校，訂正文中體例、格式、標號、文字等方面存在的疏誤。至於錢穆先生全集的內容以及錢賓四先生全集編輯委員會的注解說明等，新校本保留原貌。

九州出版社

出版說明

一九五〇*年十二月，錢賓四先生第一次由香港來臺北，在省立師範學院作連續四次八小時之講演，講詞整理成此文化學大義一書。此為先生繼抗日戰爭時期中國文化史導論一書後，又一次對文化學作系統性之討論。先生自言此番講演之用心所在，乃基於數十年來對世界整個局勢之觀察與認識，認為當前無論中國問題，乃至世界問題，無不由文化問題產生，故無不需由文化問題來解決。又言「文化學」一門，此後必將為學術思想中一主要科目。此下四十年，先生先後完成有關中西文化比較之文章近百篇。此類文稿，今已分別收入相關各書中。讀者讀本書，如能與先生其他各文互參，庶可對其作意有更深之認識。

本書於一九五二年，由臺北正中書局出版。初版本除四次講演稿外，並附先生近作世界文化之新生、孔子與世界文化新生及人類新文化與新科學三文，以其大旨與講稿相同，故附刊於後。

---

*新校本編者注：原文為「民國」紀年。下同。

初版梓行之後，先生續有增潤。一九八七年，曾擬重排新版，加添意旨相近之六文。其中中國文化與人權思想一文，乃一九八一年中國人權協會之邀稿；中國文化演進之三大階程及其未來之演進一文，乃一九八三年先生赴香港參加中文大學成立二十周年慶典之講辭；其餘四文皆為一九八七年之近作。增編既定，先生並即寫成再版序一文。後因故未能即時付排。今編為全集，即以一九八七年先生整編之書稿為底本。惟初版附錄之孔子與世界文化新生一文，因已於一九七四年另收入孔子與論語一書中，本書不再重載。凡新添各篇，目次中例加「*」號，又援全集編例，加添私名號、書名號、引號，並增添分節、分段之版式處理，以利讀者閱讀。

排校之工作雖力求慎重，錯誤疏漏之處在所難免，敬希讀者不吝匡正。

本書由胡美琦女士負責整理。

錢賓四先生全集編輯委員會　謹識

目次

附錄

弁言

本稿係一九五〇年十二月在臺灣省立師範學院連續四次八小時之講演，由師院同學楊君壽彭、張君恭萬、張君永強所筆記，又經師院教授杜呈祥先生之整理。事後又經作者稍加潤飾，然大體仍保持原講之體段。旅次冗雜，未遑精思。舊著中國文化史導論，近方再版，可與本稿並讀。短文三篇，亦成於是年之冬，因與本稿大旨相同，並以附刊於後。

一九五一年三月錢穆識於臺北旅次。

再版序

五十餘年前，中國對日抗戰時，歐洲第二次英、法、德、意之戰亦隨之繼起。其時中國雲南昆明西南聯大有好幾位教授，多曾留學美歐，創辦一雜誌，名戰國策。討論世界將來局勢，以中國戰國時代為例。分全世界為兩大勢力圈，一美國，一蘇俄。美國如戰國時代東方之齊，蘇俄如戰國時代西方之秦。此下天下歸於一，或齊或秦，為該雜誌討論一中心。

其實蘇俄在當時歐戰中，亦歸附英、法一面，國力尚薄弱，不如後來之受人重視。而戰國策雜誌編纂諸公，已預料此下當為一美、蘇對抗之局面。此亦不得謂非能於世界大局演變有先見，有預矚。此後五十年，國際局勢展演，乃果如當時戰國策諸公所預料。

但在最近，乃有美、蘇兩邦裁減核子武器之和談，而全世界之緊張局勢亦因之大為鬆弛。此下世界局勢將可望不會有核子戰爭之危險。而且尚不止此，即帝國主義之長期爭衡亦終將衰歇。歐洲英、法兩國之帝國主義已顯告停止可不論。即如美國，自其對韓對越，更如其自對日抗戰後之對菲律賓，及其最近對東歐波斯灣之伊朗言，亦可為美國不能繼續英、法以往帝國主義舊軌轍一明證。美國不能繼續歐洲之帝國主義既如此，而蘇維埃則既就最近美、蘇商談防止核子武器發展之一事為例，亦可知其同亦不能再繼續履行發展其以前之帝國主義，亦已大勢可睹。不煩再加深究。

帝國主義既告衰退，此下世界，國際局勢必將隨之一新。將來之和平展望已大增，此不得不謂乃出人意料外之世界一大變局，一大進步，亦不待多疑矣。

然則觀於當前美、蘇之核武和談，此下世界之國際和平，當與以前帝國爭霸之局面大相異。此一演變，已屬明顯，不至再蹈前轍，殆可無疑。小衝突、小紛爭，固亦驟難停止，驟難斷絕。要之，與以前之帝國爭衡有大不同，此則已可判定。

今再言資本主義，其與帝國主義原本如一鳥之兩翼，乃同時而並起，亦互助以相成。帝國主義既衰退，資本主義亦無法單獨緜延，常此伸張。如今之日本，雖為世界首富之國，然其勢不可久。此下如何演變，固難詳說。而大勢所趨，亦可逆料。此下世界，既無帝國主義之爭強，亦不能有資本主義之爭富。然則此下之所謂和平共存，其大勢又如何？

此亦無法作事先具體之描述，而大體局勢，則宜可約略推想。以今世界論，五大洲諸民族，文化先進，一為歐洲，一為中國。前述之帝國主義、資本主義皆源自歐洲，而中國傳統則無之。此下歐洲型漸告衰退，則與之相代而繼起者，宜將為中國型，此亦可姑作先展，略為預定。

竊謂當前世局，歐洲型亦早有轉向中國型之趨勢。就美國言，如彼中近有人提倡三世同居之新家庭制。每一家庭，上有祖父母，下有孫兒女，老吾老以及人之老，幼吾幼以及人之幼。由齊家而達於治國、平天下，三世同居之新家庭制，即已有此把握之先兆。美國人果能推行此制，自當感其可安可樂，又何艱難困苦之有。則當前美國人之中國化，豈不已躍然在望，亦可指而覩矣。

又如最近之歐洲人，有提倡全歐洲組織成一聯合國之提議，由當前之共同商業聯盟，一進而為此下全體政局之憲法聯盟，此亦非難能之事。全歐洲最近共三十餘國，儻成一聯邦，尚短於美國之五十一州，豈不易舉可能。然而全歐洲儻果能合成一聯邦，則豈不如中國之由戰國統一而為秦漢，一切大變動亦可無煩深言矣。

由上言之，故由近代時局一變而成一新世界，其實仍是一舊世界。其事非不可能，其大變乃在由外轉內，由分轉合，由個人轉而為大羣，其機捩只在各自內心之一轉念間，而其變即可達。不煩有哲學，亦不煩有科學。不煩有宗教，亦更不煩有法律，而社會之一切變動，則各人內心一轉念間已定，而一切所願所望則盡在是矣。此眞指顧間事，更可不待再作艱深之研討。

余之創為此文化學大義一書，乃在三十七年前，余初次來臺灣，經八小時之講演而寫成。迄今還念此三十七年世界大勢一切變動，難可覼縷。今日之臺灣，可謂已與當時即三十七年前大不同。而世界之變，則更有其大者。但以今日三十七年後之讀者，來讀吾此書，豈不亦如即日面談，何堪想及此三十七年長時期中一切變動之詳。然則迄今以下，更三十七年，世界之變，又當如何？但異地有變，異時有變，人之一心則只在此方寸間。舉世十幾兆人之心，大體亦約略相同，儼如一心。上下三四千年間，古今人心亦如此。余之根據把捉，即在此心。故可以暢言天下事，暢言數十年百年間事，而仍如在吾胸之方寸間。中國文化之所以可大可久者正在此，而又何足詫異之有。

以今日之大勢言，則舉世人之此心，為外面之帝國主義、資本主義剝奪侵佔以去，已不知其幾何世矣！然而天賦此心，乃人之常新，自然日新而不絕。今日帝國主義、資本主義方將日告衰歇，而此心則依然如故。人不能自見己心，而此心之在外，則猶鏡可鑑。吾中華五千年相傳之文化傳統即不啻如一鏡。讀者試反忖之己心，外覘世變，則必有其體悟之所在矣。余誠不勝其深企之。此書再版，乃為此序，又不勝其再三重複而申言之如此。

一九八七年十月先總統誕辰紀念日，錢穆識於臺北士林外雙溪之素書樓，時年九十有三。

一　為什麼要講文化學

我這一次要向諸位作一較有系統的連續講演，講題是「文化學大義」。我想諸位都很注意到當前的國事，乃至世界整個時局之推演。我為什麼在此緊張時期來作這一番講演呢？我也有我的用心所在，應該在題前先行陳述。

在我的看法，今天的中國問題，乃至世界問題，並不僅是一個軍事的、經濟的、政治的，或是外交的問題，而已是一個整個世界人類的文化問題。一切問題都從文化問題產生，也都該從文化問題來求解決。我們可以說，最近兩百年來，整個世界的一切人事，都為近代的西洋文化所控制、所領導。我們縱不能說近代西洋文化即算是世界文化，但它確有這個力量，把整個世界控制、領導了。這一形勢，直到今天依然存在。但我們也不能不說，近代的西洋文化，實在已出了許多毛病。遠從第一次世界大戰起，西洋文化的內在病痛，早已暴露。當時西方也曾有不少思想家，感覺到這點，他們都想為西洋文化尋覓新生。可惜是這一種覺悟，還來不及到具體化的階段，而第二次世界大戰，早已接踵繼起。此刻則第二次世界大戰的殘局還未收拾乾淨，而第三次世界大戰之威脅，又已臨頭。試問若非西洋文化本身內部出了毛病，如何會接二連三的發生大戰？

我們若明白得這一點，則知除非西洋文化本身有一大轉變，獲得新生，即使第三次大戰結束，不論誰勝誰敗，一切問題仍然存在。此後的世界，將仍不得和平，仍不得安寧。若使戰爭可以解決問題，則第一、第二次世界大戰，早該把問題解決了。前兩次的世界大戰，解決不了問題，第三次大戰，將依然解決不了問題，仍將從整個文化問題上尋求根本的出路。除非有一新的領導世界的文化出現，現有世界的一切糾紛仍將永遠延續。病象儘可有變化，病根還是存在，將永遠作梗。

至於中國文化，遠的不說，至少在此一百年來，早已病痛百出。除非中國文化，有一徹底的新生，中國近百年來種種失敗，種種苦痛的歷史，也將繼續推演；而且將愈演愈深，愈演愈烈。

根據上述看法，無論中國乃及世界問題，都使我們要着眼到文化問題上去。

一切問題，由文化問題產生。

一切問題，由文化問題解決。

二 文化學是什麼一種學問

「文化」二字，現在已成口頭禪，時時聽人講到，處處看人文章上寫到，但至今還沒有正式成為大學一學科。然亦早該是需要正式成立這一學科的時候了。我們本來沒有社會學，因我們需要有社會學，社會學終於成立；我們本來沒有經濟學，因我們需要有經濟學，經濟學終於產生。一切學科全都如此。今天我們已急切需要有一門「文化學」，而此學科尚未正式產生、成立，則我又將如何來講這門學問呢？正為個人對此，比較有興趣，比較時時肯注意，此刻只將個人歷年來用心所得，約略講一個大概。

這完全不是根據某幾家的學派，或某幾部的著作，來作介紹。這尚是一門新學問，尚是一門未成熟的新學問，這比較尚是一門活的學問。此刻只就個人意見，扼要陳述，來供諸位有意研究此一門學問者作參考。或者說，僅能引起諸位對此一門學問之幾許興趣，說不上有什麼更深更大的貢獻。所以我這一番講演，即定名為「文化學大義」。粗枝大葉，免不掉空洞與粗疏，則請諸位原諒。

我們要講文化學，首先該問「文化」究是什麼？關於「文化」二字之定義，在西方早有廣義、狹義許多種的界說。此刻不多為引述，只就個人意見，直率陳說。

我認為文化只是「人生」，只是人類的「生活」。惟此所謂人生，並不指個人人生而言。每一個人的生活，也可說是人生，卻不可說是文化。文化是指集體的、大羣的人類生活而言。在某一地區、某一集團、某一社會，或某一民族之集合的大羣的人生，指其生活之各部門、各方面綜合的全體性而言，始得目之為文化。

文化既是指的人類羣體生活之綜合的全體，此必有一段相當時期之「緜延性」與「持續性」。因此文化不是一平面的，而是一立體的，即在一「空間性」的地域的集體人生上面，必加進一「時間性」的歷史的發展與演進。文化是指的「時空凝合的某一大羣的生活之各部門、各方面的整一全體」。我將根據這一觀點來發揮我下面所講的話。

讓我再舉一具體而顯明的實例，來重申前述。譬如我們說，來研究臺灣文化，此即無異說來研究臺灣人的生活。但並不是說來研究臺灣每一個人的生活，而是來研究臺灣人的大羣集體的生活。譬如臺灣人之飲食、居住、衣着、道路交通、言語文字，乃至其社會風俗、宗教信仰、趣味愛好、智性發展等。但研究到這些方面，總免不了要插進時間性的歷史的演變。每一個人的生活，可以把其時期劃定在每一個人的生存期間。但集體人生即不然，當你未生以前，已有這般樣的飲食、居住、衣着、道路交通，乃至這般樣的語言文字、社會風俗、宗教信仰、趣味愛好，以及智慧境界之存在。這些全屬於集體人生，即文化的領域。在你未生以前，這些早已存在；在你既死之後，這些仍將持續。這些生活方式，以及生活內容，其壽命遠較個人壽命為長久，而有持續性。換言之，個人只在文化中生活。

文化譬如一大流，個人人生則只如此大流中一滴水。大流可以決定此水滴之方位與路向。此水滴無法來決定此一大流之方位與路向。誠然，無個人亦將無集體，但此刻的人生則已走進了文化領域。這是人類遠從有史以來已然的事實。文化儘管必須在每一個個人人生上表現，但個人人生究竟無法超脫其當時的集體文化而存在。文化規範着個人人生，指導着個人人生，而有其超越於每一個個人人生之外之上的客觀存在。這一種存在，即是我此刻所要講的「文化學」。

讓我再具體舉些例。孔子、釋迦、耶穌，對人類文化之貢獻，深遠無比，這不用說。但此三人，仍只該算是集體文化的產物。當知在中國春秋時代的文化背景裏，只會產出孔子，絕不會產生釋迦與耶穌。同樣的理由，在古代的猶太社會中，絕不會產生孔子與釋迦。在釋迦時的印度，也絕不會產生孔子與耶穌。可見個人的重要與偉大，仍受着他所生活在的文化大流之規束與指導，這是決無可疑的事了。

文化有其「傳統性」，同時又必有其「綜合性」與「融凝性」。人類生活之每一部門、每一方面，必然互相配搭，互相融洽，互相滲透，而相互凝成一整體。譬如研究臺灣人的房屋建築，有些是中國式的，有些是日本式的，有些則是西洋式的。此皆各有淵源，各有來歷，此即其傳統性。而臺灣人的房屋建築，又必與臺灣人的經濟條件、社會風俗、趣味愛好、智慧境界之各部門、各方面，發生聯繫、發生交涉。若你專從建築來研究建築，你將是一個建築學者，而非文化學者。同樣理由，你專從語言來研究語言，你將是一個語言學者，而亦非文化學者。你專從宗教來研究宗教，你將是一個宗教學者，而復非文化學者。建築、語言、宗教，這些都是文化中之一方面、一部門，但文化是一個綜合全體，包括了這些，綜合了這些，而又超越了這些，有它一完整的總體之存在。你若不瞭解這一種人生各部門、各方面交互相聯的內在意義，你將看不見這一個總體。

現在我們可以說，文化學是研究人生總體意義的一種學問。自然界有事物，而可以無意義。進入人文界，則一切事物，其背後都必有某種意義之存在。每一事物之意義，即在其與另一事物之內在的交互相聯處，即在其互相關係處。人生意義，概括言之，有兩大目標：

一、是多方面之擴大與配合。

二、是長時期之延續與演進。

此即中國易經上所謂的「可大可久」。任何人生之某一方面，某一時期，若與其他方面、其他時期之連繫性割絕而孤立了，則不僅無擴大、無演進，而且其本身亦將無意義可言。

因此我們也可說，文化學是研究人生價值的一種學問。價值便決定在其意義上。愈富於可大可久的意義者，則其價值愈高。反之則愈低。

於是我們暫可得一結論：「文化學是就人類生活之具有傳統性、綜合性的整一全體，而研究其內在意義與價值的一種學問。」我們下面將就此標準續加闡述。

三　文化的三階層

一

文化既是人類生活的一個整一全體，我們要開始研究此整一全體，必先將此複多的、連緜的整一全體試先加以分剖。分剖的方法，可有兩步驟。

一：是把此多方面的人生試先加以分類。

二：是把此長時期的人生試先加以分段。

前者是對人類文化一種橫剖面的研究，亦可說是平面的研究；後者是對人類文化一種縱割性的研究，亦可說是直線的研究。但人類文化又是時空交融的一個整一全體，因此我們的分類分段，橫剖縱割，又需能劃分時期與分別部門兩者配合。我們又必需到達一較自然的符合。

我們本此意嚮，暫把人生全體分為三大類。

第一是「物質的」，亦可說是「自然的」人生，或「經濟的」人生。一切衣、食、住、行，較多隸屬於物質方面者，均歸此類。人生本身即是一自然，人生不能脫離自然的大圈子大規範，人生不能不依賴物質支持，此是人類生活最先必經的一個階段，我們可稱之為文化第一階層。沒有此最先一階層，將不可能有此下各階層。

然而人生是多方面互相融攝的一個整一全體，所以物質人生中，早已須有很大的精神成分。若使人類沒有慾望，沒有智慧，沒有趣味愛好，沒有內心精神方面種種的工作活動參加，也將不會有衣、食、住、行之一切物質創造與活動。因此換言之，衣、食、住、行只可說是較多依賴於物質部分，而實非純物質的。只可說是較更接近於自然生活，而並非一種純自然的生活。只要我們稱之為「人生」的，便已歸屬到「自然人生」與「精神人生」之兩方面，決不再是純自然、純物質的。即就環繞我們的自然界而言，如山川、田野、草木、禽獸、風景氣象，試問洪荒時代的自然界，何嘗便如此？這裏面已經有幾十萬年代的人類精神之不斷貫注、不斷經營、不斷改造、不斷要求而始形成。此刻環繞我們之所謂自然，早已是人文化了的自然，而非未經人文洗鍊以前之原始自然。一切的「物世界」裏，早已有人類的「心世界」之融入。故所謂物質人生，只就全部人生中之比較更偏近於物質方面者而言，而實無所謂純物質的人生。

其次是「社會的」人生，或稱「政治的」人生、「集團的」人生。這是第二階段的人生，我們稱之為文化的第二階層。在第一階層裏，人只面對着物世界，一切人生全都從「人對物」的關係而發生、而存在。在第二階層裏，人面對着人，即人生大羣。這時的人生，主要在添進了許多「人與人」之間的關係。人類的生活，不先經第一階層，將無法有第二階層。但人類生活經歷了某一段時期之相當演進，必然會從第一階層進入第二階層，乃始得為正式的人生。第一階層只是人在物世界裏過生活，亦可謂之一預備階層。待其進入第二階層，才開始在人世界裏過生活。此如家庭組織、國家體制、民族分類等，凡屬羣體關係的，全屬此一階層。

最後才到達人生第三階層，我們可稱之為「精神的」人生，或說是「心靈的」人生。此一階層的人生，全屬於觀念的、理性的、趣味的，如宗教人生、道德人生、文學人生、藝術人生等皆是。這是一種無形累積的人生；這是一種歷史性的、超時代性的人生。只有這一種人生，最可長期保留，長期存在。孔子、耶穌時代，一切物質生活，一切政治組織、社會法律、風俗習慣，到今幾乎是全歸消失，不存在了。在他們當時的第一、第二階層裏的人生，到今亦是全部變質了。但孔子、耶穌對人生所提示的理想與信仰，觀念與教訓，就其屬於內心精神方面者，卻依然存在，而且將千古常新。這是屬於心世界的，是一種看不見、摸不到，只可用你的心靈來直接感觸的世界，來直接體認的人生。

人生必須面對三個世界。第一階層裏的人生，面對的是「物世界」；第二階層裏的人生，面對的是「人世界」；須到第三階層裏的人生，才始面對着「心世界」。面對物世界的，我們稱之為「物質人生」；面對人世界的，我們稱之為「社會人生」；面對心世界的，我們稱之為「精神人生」。我們把人類全部生活，劃分為此三大類，而又恰恰配合上人文演進的三段落、三時期，因此我們說人類文化有上述的三階層。

二

此三階層，把個人生活的各別經驗來看，也甚符合。嬰孩出生便哭，那時他見光受驚，驟覺寒冷而不安，餓了、倦了、想吃、想睡，都會哭。那時他所面對的，完全是物世界。稍後慢慢懂得誰是他的父母兄姐，又懂得誰是他的熟人親人，這才逐步踏進了人世界。更後漸漸受了教育，從上接受到人類文化無形累積的種種教訓。換言之，他才開始懂得了種種人生心理。自己的、別人的，大至民族的共有觀念，遠至幾百千年前來的歷史傳統，包括文學、藝術、宗教、道德種種智識，這才闖進了他人生的心世界。人生三階段，循序前進，個人如此，總體人生也如此，並無大分別。

上述文化三階層，每一階層，都各有其獨特自有之意義與價值；每一階層，都各有其本身所求完成之任務與目的。而且必由第一階層，才始孕育出第二階層；亦必由第二階層，才始孕育出第三階層。第二階層必建立於第一階層之上，但已超越了第一階層，而同時仍必包涵有第一階層。第三階層之於第二階層亦然。

現在再簡率言之，第一階層之特有目的，在求生存，即求各個肉體生命之存在。第二階層之特有目的，在求安樂，即求大羣體生命存在之安樂。生命存在了，並不一定得安樂，而求安樂則必先求存在。於存在中孕育出安樂，安樂已超越存在，而同時又包涵着存在。第三階層在求人類生活之崇高，實即仍在求安樂之崇高。安樂不一定即是崇高，惟崇高即是超越了安樂，但必由安樂中孕育而來；亦必包涵有安樂，乃始見其為崇高之眞意義與眞價值。

三

物質人生，即在求生命之存在。食求飽，衣求暖，飽暖在避飢寒，求生存。飽暖最高目的是生存，飽暖只是達到此目的之手段。若使飽了暖了，而失卻其生命之存在，此種飽暖即無意義。若使不飽不暖亦可生存，則飽暖亦無價値可言。一切物質人生全如此，但一進到社會人生，則意義又別。孟子說：「食色，性也。飲食男女，人之大欲存焉。」此俱指第一階層的人生而言。飲食只求自己生命之存在。男女之欲，則牽涉到人的本身外面去，但仍在求自己生命之延續，使有後代新生命之傳緜。不獨人類如此，禽獸亦如此，全世界之生命無不如此。此俱屬於自然生活。在自然生活中，雌雄相遇，其視對方，即如一「我」，與我為偶，即一我之易地易體而存在。求能達此深義，此即中國儒家孔子之所謂「仁」。中國此一「仁」字，即人生雖分別異體，而實仍當聯合成一搭檔，此即後儒鄭玄之所謂「相人偶」。可見人心與人相偶，乃始得為一眞人。中國人所闡發之人生大義乃如此。求能憑藉這一物來滿足我自然的生存要求而止。

但人文進化亦不能老停留在一男一女、一雌一雄的階段上，於是由一男一女轉進為一夫一婦。此一轉進，便踏上了人生文化的第二階層。試問若僅求自己生命緜延，雌雄男女，交媾配合，早夠了，何必要在一男一女之上，再來一個一夫一婦的婚姻制度呢？可見夫婦婚姻，其目的已並不專在求生命之緜延，而必在生命緜延之一目的之外之上，另增了新要求，另添了新意義。貓與狗只要求生命延續，便不需要有如人生般的夫婦與家庭。人類偏要夫婦家庭，可見夫婦與家庭之內在意義，已不盡於僅求生命之延續，而尚必另有所求。人生必感到只此男女之別，心終不安不樂，必在此男女之別上，成為夫婦，此心始安始樂。男女的相互配合，只是滿足我自己的性欲，即生命緜延欲之一工具，對方則亦如一物。成為夫婦，關係便不同了。相互把對方當作自己般同樣看待。我是一個人，對方同樣是一個人；我是一個我，對方同樣是一個我，把「我」的存在擴大融透進對方的我的存在。滿足了自己，還同樣希望滿足對方，非如此則吾心不安不樂；必如此人類才始由男女進化到夫婦。而因此人生便進入到了第二階層。那時人生所面對的已不盡是物世界，而已是人世界。

人世界之發現，即是我的世界之擴大。人生到此境界，才始懂得不僅要求自我生命之「存在與緜延」，抑且還求其生命之「擴大與安樂」。而自己之擴大與安樂，則有待於對方與我相類的別人之生命的安樂之共鳴。

西方有魯濱遜飄流荒島的故事，人人皆知。人常說，魯濱遜隻身在孤島上，生活何等不方便，不舒服，因此人類生活應該不脫離社會大羣。這一說法，似乎把第二階層的人生，轉化成第一階層人生之手段。試問若使將來科學昌明，把魯濱遜依舊安置在荒島上，供給他種種科學設備，想喫便有喫，想穿便有穿，一切物質生活，絕不使他有困難，那時魯濱遜心裏是否即感滿足呢？是否他將感得已安已樂，可不要再回入社會人羣呢？可見第二階層的人生，並非即是第一階層人生之一種手段，而實另有其本身較之第一階層更高更深的目標與理想。

人類不僅要求生命之存在與繼續，而且要求在此存在與繼續中，得有一種安樂的心情。心情安樂是人世界中事，亦必在人世界中求。若生命根本無存在，自無安樂可言。故人生安樂必建築在人生存在之上，又必包涵有人生存在在內。但安樂之本身意義，則實已超越於存在之上之外。今之所求，乃既存在，又安樂。只有第二階層可以包涵第一階層，生命安樂，當然必存在。而第一階層則包涵不到第二階層，因生命存在，不一定就安樂。因此第二階層可以決定第一階層，而第一階層則斷不能決定第二階層。

一夫一婦，包涵有一男一女，亦決定是一男一女。但一男一女包括不到一夫一婦。因一男一女不一定便是一夫一婦。貓與狗只分雌雄，並無夫婦。夫婦建築在男女基礎上，但已超越了男女基礎，而仍包涵有男女基礎。這是人類文化階層演進之大體軌範。

四

一男一女是自然的，那是原人時代的人生。一夫一婦是人文的，已進入了文化的人生，即社會的人生。但社會人生，還只是人與人的生活，而並未進到「心與心」的生活方面去。必須在此一男一女、一夫一婦之間，更加進了一番相互間純潔高貴的心情之愛，而始形成為一對更理想的配合，那才是文學的、道德的、藝術的男女結合與夫婦婚姻，這才又踏進了人生第三階層，即精神的人生。

上面已屢屢說過，人生本是融凝一體不可分割的。即在一男一女異性相逐的時候，早已有愛的流露。但此種愛，是粗淺的，短暫的。性的要求滿足，此種粗淺而短暫的相愛之情，亦即消失，歸於無有。夫婦結合，此種愛始又進了一級。但夫婦還只是夫婦，不一定具有圓滿崇高的愛，不一定相當於文學的、藝術的、道德的理想所標指、所追求。人類文化，必然要演進到第三階層，才始有文學、有藝術、有道德，才始有更崇高的理想可言。此刻我們所希望者，乃在要有文學的夫婦、藝術的夫婦、道德的夫婦，比較我們僅要社會的、法律的夫婦更進了一層。沒有第一第二階層，自然不可能有第三階層。但第三階層雖在第一第二階層中孕育，卻已超越了第一第二階層，但仍包涵有第一第二階層之存在，而並不消失。

第一階層的人生在求存在，第二階層在求安樂，第三階層則在求崇高。崇高已超越了安樂，但仍包涵有安樂。第三階層的人生，在求既安樂而又崇高之存在。它所面對的，已不僅是當面覿體的物世界與人世界，而已更高深更廣大，上下古今，深入到人類內心所共有的一些祈望與要求上。文學、藝術、宗教、道德，都從此種人類內心要求上植根發芽，開花結實。

孔子的栖栖皇皇，知其不可而為之的一番傳道救世精神；耶穌釘死在十字架上的一番犧牲博愛精神，他們所面對的，已不盡於當前的那一個社會與人羣，而已面對着從有人類，上下千古，一種人心內在更深更大的共同要求。他們亦感得非如此則我心終不安不樂。然而他們所求，實已更高出於普通心情之安樂之上，然亦決不是不安不樂。

此心不安不樂，不算得是崇高；而崇高不盡於安樂，亦正如安樂不盡於存在。安樂中涵有存在，崇高中涵有安樂；文化階層一步一步提高，人生之意義與價值一步步向上。下一階層的目的，只成為上一階層之手段。只有目的能決定手段，不能由手段決定目的。因此有存在不一定有安樂，有安樂不一定有崇高，只有崇高的則必然安樂，必然存在。

固然，沒有存在，那有安樂、崇高可言？然而這只是一種反面消極的限制，而並非正面積極性的決定。沒有第一階層，不可能有第二第三階層，此是第一階層之消極性的限制的作用，亦即是其消極性的意義與價值之所在。但有了第一階層，不一定必然有第二、第三階層。但有了第二階層，則必然融攝有第一階層。這才是正面的積極性的決定。這是人類文化三階層遞進遞高，遞次廣大融攝的一條通律，可以用作衡量批評一切人類文化意義與價值之基本標準。

五

說到這裏，讓我節外生枝，附加上一些申辯。德國哲學家黑格爾，他舉出「正、反、合」逐步前進的辨證法，來提供作人類歷史演進之通律。他認為由正生反，再由反成合。例如甲是正，非甲是反，乙是合。這所謂「對立的統一」之一種「矛盾發展」過程。其實則只是一種語言文字上的玩把戲。如我上文所舉，一男一女並不是正，一夫一婦並不是反，男女與夫婦也並不是對立。儻使我們承認人類文化確然從一男一女發展出一夫一婦的婚姻制度來，則試問黑格爾正反合、對立統一、矛盾進展的歷史辨證法將如何安放？

你或說，男女是對立的，夫婦是統一的。但男女對立，只是一種相異的對立，最多也只可說是一種相反的對立，卻不該說它是一種矛盾的對立。矛無不破，盾無不拒。有了無不破之矛，便不能再有無不拒之盾；有了無不拒之盾，便不能再有無不破之矛。此始謂之矛盾。現在是因有了男，才始有女的意義與價值，因有了女，才始有男的意義與價值。當生物還未進化到雌雄兩性相異存在的階段，沒有雄性，也沒有雌性。雌雄男女，同時並立，正反相成，決非矛盾不兩存。而且夫婦之出現，並不能說戰勝克服了男女之對立。而且夫婦成立，也並不要否定，亦不可能否定其男女之對立。我們只可說，夫婦關係中仍包涵有男女對立，而已超越了此男女對立，而另有其更高更廣的統一和協的新意義發現。

同樣理由，羣體人生並不與自然人生相對立，更非是一種矛盾性的對立。人類文化，由自然人生演進到羣體人生即社會人生，在社會人生內依然涵攝有自然人生，決不可能否定了自然人生而另來一個社會人生。同樣理由，精神人生也並不與物質人生相對立。由物質人生中孕育出精神人生，精神人生雖超越了物質人生，但仍建立在物質人生的基礎上，涵蓋有物質人生，而並不可能加以否定。

黑格爾的歷史哲學，惟其強調了矛盾性與否定性，而後認為人類歷史之發展，是極富於戰鬥精神的，而且必然是一種戰鬥精神的。然而人類文化之演進，融和攝合，比戰鬥更重要。在文化第一階層，人類面對物世界，便融攝物世界來完成我之生命存在；在文化第二階層，人類面對人世界，便再融攝人世界來完成我的生命安樂；在文化第三階層，人類面對心世界，更再融攝心世界，來完成我的生命崇高。在此「融攝」努力中，表面上不免帶有一種戰鬥性的成分，但戰鬥性決不是主要的，更不是唯一的。黑格爾辨證法的所謂戰鬥最高精神，在否定對方來建立自己，也可說是在否定自己來建立客觀之總體。但無論如何，否定決非是人類歷史之終極發展。而黑格爾歷史哲學中理想之終極發展，則在於精神戰勝了物質，而物質存在又到底不可否定。人類文化精神即建立在物質存在的基礎上，精神可以超越物質存在，而仍必涵蓋有物質存在，則黑格爾所理想的人類歷史之終極發展，到底將落空，或成為正相反對的發展。

馬克思即窺破此弱點，把黑格爾「歷史辨證法」一反轉，變成為他的「唯物辨證法」。然而他卻犯了更大的錯誤。他不曉得他所看重的經濟人生，只尚在文化第一階層中。此下第二、第三階層，固然必須建立在第一階層上，固然必須包涵有第一階層之存在，但確已超越了第一階層。固然仍將為第一階層所限制，但亦決非為第一階層所決定。我們只能說由第一階層來孕育出第二、第三階層，但第一階層並不能決定第二階層、第三階層之可能進展。由男女可以發展成夫婦，但男女關係不能決定了夫婦關係。由存在可以孕育出安樂與崇高，但存在並不能決定安樂崇高之趨詣與內容。而且馬克思依然遵循着黑格爾「否定再否定」的老路。他不曉得人類文化演進，主要不在矛盾中，也不在否定中。即以個人生命為例，由幼而壯而老，在其青年期，並不與嬰孩期相矛盾，而必然要對嬰孩期的人生加以否定。待到老年期，也並不與青年期相矛盾，而必然得加以再否定。馬克思的唯物辨證法，把人類歷史看成鬥爭，否定再否定，而始終沒有超越出文化第一階層之消極意義與生存目的。於是人類文化演進，全成手段，永遠釘住在物質人生之最低階層上。此是馬克思唯物辨證法對人類文化演進通律所犯最大的錯誤。

我在上面說過，由自然世界孕育出人文世界，但人文世界確已超越了自然世界，然並不能否定自然世界之存在。由動物生命孕育出人類生命，人類生命確已超越了動物生命，但亦不能否定動物生命之存在。由男女異性孕育出夫婦關係，夫婦關係確超越了男女異性，但亦並不能否定男女異性之存在。人文演進中，被孕育者，轉成為能超越者。而被超越者，則成為被包涵者。融攝已有之「舊」，來創生未有之「新」。被融攝的不能決定能創生的，而能創生的也不能否定被融攝的。我上文所述說，與黑格爾、馬克思兩人之不同點在此。

但諸位或許要懷疑，黑格爾是西方大哲人，馬克思唯物辨證法，在近代也正掩脅一切，何以他們連像我上面所說那些平易淺顯的理論而不知呢？我請援引黑格爾一句名言來作解答。黑格爾說：「要明白某一哲學家的哲學思想，該從哲學史上來求解釋。」這即是我以上所說「人在文化中生活」的同一意義。當知哲學思想亦循着哲學史之道路而前進。黑格爾思想的最高期求，只是沿着西方中古時期上帝存在的舊觀念而稍稍加以變形，於是上帝變成為一個純粹思想之存在，宇宙歷史之進展變成為一種純思想的進展，遂有黑格爾的絕對「唯心論」。馬克思則再把黑格爾的絕對唯心的，一反轉，變成「唯物的」，才過分重視了生產工具與生產方法。

當知黑格爾與馬克思，亦只遵循着西方中古時期以下的一條思想史的舊有路線而摸索向前。並不凡是西方人所說，即成為天經地義。無論是黑格爾，或是馬克思，他們都在想擺脫西方原有的上帝創世、最後末日的一番思想老格套。但他們既看輕了決定一切的上帝，便在無意中不免要看重物質與自然。不僅馬克思的唯物史觀太看重了物質與自然，即就黑格爾論，他竭力要講人類精神逐步戰勝物質而前進，正是證明在其內心上無形中早已太看重了這物質界。至於中國思想，則向來沒有此種「精神」與「物質」雙方嚴重的對立觀念，因此也不至於陷入像黑格爾與馬克思那樣錯誤的偏見。

我們再進一步言之，人類文化三階層，不僅其各自之目的不同，其所以完成此目的之方法特性亦不同。當其在第一階層，面對着物世界的時候，免不得要提高「鬥爭性」；待到第二階層，轉眼對向人圈子本身內部的時候，即面對人世界的時候，則鬥爭性必然要沖淡，而「組織性」即代之而起；待到第三階層，人類文化面對向心世界，那時則「融和性」又將代替組織性，而占到最重要的地位。

若文化止於第一階層，自將只見有鬥爭，不見有組織；若文化止於第二階層，亦將只見有組織，不見有融和。第一階層的文化特性是「外傾的」，向外鬥爭的；第二階層則是「內傾的」，向內團結的。但到人類文化到達第三階層，那時則是「內外一體」，「物我交融」的，古今時間性的隔閡融和了，自然界與人文界的壁障也同樣融和了。那時將不見有鬥爭，也不見有組織。鬥爭與組織都將占不到重要的地位。鬥爭和組織都將改變它們原有的面貌，而融和在心世界之全體凝合中。

單就組織而論，組織僅止於政治性、社會性，而第三階層人類文化之主要精神則屬宗教性、道德性、文學性與藝術性。人生進入了心世界，你心我心，心心相印，一片融通，大羣人生全將融化在此一更大更深的心世界裏。那自然既不是鬥爭，亦不是組織，而是一全體融和。

此一文化境界，目前僅可說有了一些端倪，一些朕兆，距離圓滿到達之階程尚遠。但黑格爾、馬克思則都偏陷在第一階層的對物境界中，因此都不免以鬥爭精神為歷史演進之主要特徵。馬克思的階級鬥爭，好像着重了組織，但還是以組織為手段，鬥爭為目的，其用心仍然側重在第一階層上。這一種強調對物鬥爭的文化論，違逆了遏塞了人類文化向上遞升的通律與正道，這亦是我上面所說西方文化目前正出了毛病之一個眞憑實據。

但西方思想界的毛病，並不即就是中國思想界的毛病。我此刻縱使能批駁倒黑格爾與馬克思，但並未曾針對着中國人自己的病痛，將仍然是不關痛癢的。何況是把別人家的病痛，硬認為是自己的良藥與救星，那才不免要病上加病，更無辦法了。

六

以上一段是題外雜揷，現在再歸入正題。總括前述，人生有遞進的三階層。第一階層是「小我人生」，只求把外面物質來保全自己生命之存在與延續。第二階層是「大羣人生」，這一階段的目的，已在各得保全自我生命之上，要求相互間的安樂，來過一種集體的人生。第三階層是「歷史人生」，此一階層之目的，在求把握人類內心更深更大的共同要求，使你心我心，千萬年前的心，與千萬年後的心，心心相印，融成一片。不僅有集體的廣大性，而且有歷史的悠久性，這是一種更崇高的內心安樂，無與倫比的。

上述的文化各階層，各有其獨自之目的與嚮往。低階級目的的完成，轉化為高階級目的之手段。而高階級目的之嚮往，並不毀損低階級目的之存在。目的便是人文特徵。自然界有演化而無目的，必到人文界始見有目的。文化演進，正在人生目的之逐步提高。必待到達文化第三階層之目的完成，才始是人類文化之完成。

但人類文化有時亦往往越過了第二級而直達第三級，此乃文化之過早成熟。有時則為着崇高而犧牲安樂，為着安樂而犧牲存在，為着高一級的目的而犧牲低一級，此乃文化演進中所遭遇的不得已的變態，這亦可說是文化中一種苦難。但文化亦常從苦難中躍進。若僅為低級目的而遏塞了高級的嚮往，則是文化之逆流與倒退。違逆人心，勢不可久。文化三階層之正常演進，應該是一個超越一個，同時又是一個包涵一個。試作一圖表示如下：

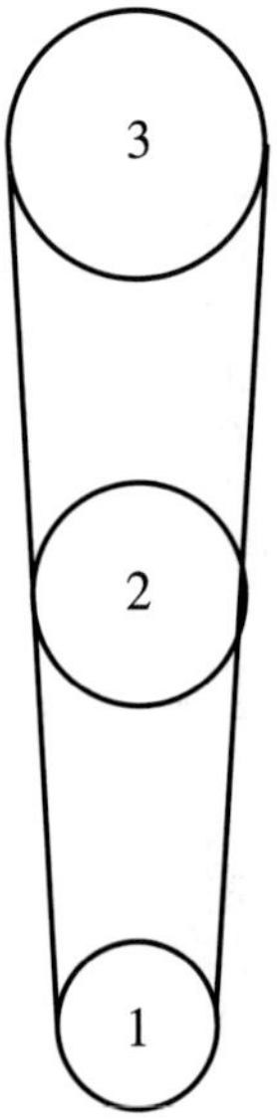

以上所講，只限於人類文化之共通性，下面將試進而為各種文化體系間稍帶具體性的相異作分析。

四　文化之兩類型

一

上面所論文化三階層，只就文化進展中為一般所必有之共同順序立說。此刻擬對世界各時期各民族文化已成業績，作一概括的分類。

有人說，文化既是人類之生活，人類生活豈不大同小異，除卻有前進與落後之分別外，在其本質上，似不該有甚大之相差。但無論如何，人類文化縱說有其「大同」，卻不能說它沒有「小異」。我們若能注意到它的小異，便更能發揮出它的大同來。故就人類歷史所有各地域、各時期，文化業績之相異處，概括描述一輪廓，對於文化學研究上，總還是一件不可少而且極需要的工作。惟就此刻我們的智識而言，實在不夠在此方面有多大的成就。而且過細分析，也將昧失了文化大同之主要面相。下面所述，則只是粗枝大葉，僅就個人所見，來作一個鳥瞰式的憑空掠影的描寫。

據個人意見，人類歷史演進，由簡入繁，我們從其末梢下流處看。固屬千差萬別，不勝分歧複雜之致；但就其根本源頭處着眼，則此千差萬別的最先分歧點，還是容易指出，可加明白的。大抵人類文化，最先還是由於自然環境之不同，尤要的如氣候物產等之相異，而影響及其生活方式。再由其原始的生活方式之不同，影響到此後種種文化精神之大趨嚮。本此觀點，暫分世界人類文化在其源頭上，有三大類型。

一、游牧文化。

二、農耕文化。

三、商業文化。

文化只是人類生活之總體，而最先的人類生活，其最大差別，大體上可分為游牧、耕稼與商業之三型。大抵游牧發展於草原高寒地帶，耕稼則多在溫帶平原河流灌溉之區，商業則繁盛於海濱及近海各島嶼。英人甄克思認為人類文化演進，最先由游牧進入耕稼，其次再由耕稼進入工商。此一說法，似乎也只可說是英國人的一種偏見。儘多民族限於天然的地理環境，以畜牧為生業的，不可能必然要進入農業。而沿海促狹地帶，農牧生產根本不能自足自給，其進入商業，以貿易為生，也是一種不得已，並非是文化發展之最高結果。至於工業，則農牧民族一樣需要，也不該專把工商併入一類。

二

由此人類生活之基本的三大差異，演生出人類文化之三大類型，而此三大類型又可再歸納為兩類型。一是農業文化，另一類型則是游牧與商業文化。此一區分，諸位或許要懷疑，似乎游牧是原始的，商業則是前進的，如何把此兩型等量齊觀呢？這也有一理由。原來農業文化大體上是自給自足的，而游牧與商業，則同樣的需要向外依存。游牧民族必然是流動的，逐水草而遷徙。老守一地，草盡水涸，生活即無法維持，迫得他不得不向外遷移。這正和商業民族同樣，因其本地區之生產不足，必待出外與近隣交換。多到一新地區，即多得一新生機，多發現一新希望。而農業民族，則迫得他安土重遷。百畝之地，已夠生存，若捨而之他，只有虧損，沒有利益。因此農業民族自然的生於斯，長於斯，老於斯，子子孫孫永遠守此一分田園祖業。因此農業民族是安定的、保守的，游牧與商業民族則是流動的、進取的。

惟其可以自給自足，安守己分，鄰里鄉黨，幾十百年的相處，誰也不侵犯誰，誰也不依賴誰，農村永遠是和平相處，也永遠是散漫相處的。游牧部落則不然，結隊遷徙，遇着一片草原，兩族爭奪起來，友乎！敵乎！十分顯著，所以游牧民族對內是團結的，對外是鬥爭的。商業民族亦然。載着一船貨物，飄海遠行。所到盡是異地，所見盡是生客，所為的只是求生牟利。同行者是友，遇見的是敵。我該從敵人身邊獲得我的生資，可掠奪則掠奪，不可掠奪始交換。原始的商船隊，多半兼做海盜，海盜亦多半兼營商業。貿易與掠奪，在本質上都是內不足而外取於人，只是手段不同而已。因此游牧與商業社會，必然是對內團結，對外鬥爭的。換言之，則是向外侵略的。

游牧人攀山越谷靠一匹馬，商人跨海泛洋靠一條船。沒有船與馬，便無法克服外面天然的困難，因此游牧人、商人全富征服感。不僅敵我對立，而且是天人對立。所賴以克服外界者，則須憑藉工具。馬與船，便是他們的原始工具。所以游牧人與商人又富工具感。驅使異己，來克服異己，奴役自然，來克服自然。農業民族則不然。下了種，須得耐心靜待，五日一風，十日一雨，是上天恩賜。天人合一，一半是自然，一半是人力。船與馬要駕馭，耕稼則用牛，牛性馴良，似乎也通人性，天生牠與人合作。農業民族的宇宙觀乃及人生觀，由此與游牧人商人不同。一是「天人交和」的，一是「天人敵對」的。因此一主「性善論」，一主「性惡論」。一主在我外面的是一片友情，一主在我外面的是一種敵意。於是遂一偏仁慈，一偏機智。

游牧人商人又特富於財富觀。一對羊生着四隻小羊，下一幕是三對生十二頭，連共十八頭。再下一幕是九對生三十六頭，連共五十四頭。如此般的繁衍。商業民族亦然，資本愈雄厚，利潤愈增高，長袖善舞，多財善賈。而且游牧與商業，對於基本生活所需，並不在自己手裏，多半要向外求取。因此他們積聚的，都是可以向人交換的間接的一種價值符號。因此養成他們漸漸遠離着實際生活的一種財富觀念。金珠寶玩，可以無限收藏，飢不可食，寒不可衣，而衣食無盡，全在他囊橐掌握之中。因此又濬深了他們的欲壑，有了更想有，多了更想多。農民則百畝田，十畝桑，五母鷄，二母豕，一年喫着無愁。今年耕，今年喫，人力有限，多耕不可能，多產亦不可能，多積還是不可能。三年耕有一年之蓄，九年耕有三年之蓄，這是農民的經濟觀念。上天不讓你連熟十年，但亦很少給你連荒四年。制節謹度，是人意，也即是天心。在他們手中的，是實際衣食所需，不待交換，亦難積存。因此游牧商人的財富是符號的，農民的財富是實質的。游牧商人的財富可以激增，亦可以慘落；有恐怖，亦有希冀；時時有刺激，有興奮。農業民族只懂生產，不懂財富；只知實物，不喜抽象；有恃無恐，但亦不奮發向前。一方的心靈常是跳落動盪；一方的心靈則常是沉著穩健。

三

讓我把游牧商業一類型的文化稱作甲方，農業類型的文化稱作乙方。則甲方起於內不足，故常外傾；乙方起於內在自足，故常內傾。

甲方常是趨向「富強性」的文化；而乙方則是趨向於「安足性」的文化。但亦各有缺點。甲方是「富而不足，強而不安」；乙方則「足而不富，安而不強」。

甲方常覺得有一個外界和我對立着，永遠引誘它「向外征服」，否則是向外依存；乙方則常覺外面也像內部，渾然一體，「只求融和」，不求擴張。

甲方的宇宙觀是「天人對立」的；乙方的宇宙觀是「天人合一」的。

甲方主「鬥爭」；乙方主「協調」。

甲方常想向外伸展，是注重在「空間」的；乙方常想向後緜延，是注重在「時間」的。

甲方要開疆擴土，「無限向外」；乙方要子孫萬年，「永守勿失」。

甲方注意「羣」，注意大集團，核心大，而外界狹；乙方注意「家」，注意小集團，核心小，而外界寬。

甲方必游離飄揚，歸宿到「抽象化」，易於「發展宗教」；乙方必土着生根，歸宿在「實體化」，易於「發展倫理」。宗教裏的上帝，還是和我們人異類對立的；倫理裏的人羣，則是和我們同類並存的。因此堅信宗教的，可以對異信仰的不容恕；而道德倫理，則必以彼我內外互相容恕為前提。雙方雖同主博愛，而一含「敵對性」，一含「容恕性」，仍然不同。

四

上述兩大類型的文化，其先是由於客觀的自然環境之不同，而引生出生活方式之不同。其次是由於生活方式之不同，而引生出種種觀念、信仰、興趣、行為習慣、智慧發展方向，乃及心理上、性格上之種種不同。由於此種種不同，而引生出文化精神之不同。現在讓我對此兩類型之文化，單就抽象的理念方面，約略加以一番批評。

外傾型的文化，常看世界成為內外兩敵對。因其向外依存，故必向外征服。但征服即征服其自所依存者。依存者被征服，即失卻其所依存。此其一。其文化精神既寄託在向外征服上，而空間有限，征服再征服，以至於無可征服，則最後成功，即無異於最後之失敗。此其二。人生即是自然之一部分，不可能與自然相對立。若使徹底征服自然，即連人生本身，亦復在內。此其三。內外對立的宇宙觀，最難是內外的界線並不明確，嚴格言之，人的自身亦就是一個外，征服自然，而人生本身即就在自然之內，豈不要征服他的本身？於是向外征服最後必然要撲一個空，不得不投入抽象，回歸上帝與精神界。結論是征服了自己來回歸上帝，征服了物質來回歸精神，實際上成為人類文化一終極的矛盾。此其四。

內傾型的文化，常看世界是內外協一的，因其內自足，而同樣認為外亦自足。然明明遇到外不自足者向我侵略，豈不當面即是一矛盾？此其一。內傾型的文化，寄託在自安自足上。但富強相傾，這是一對比的，外面的富強，可以形成自己內部的不安足，則立腳不穩，不免要連根栽倒。此其二。

在理論上，外傾型的觀念，比較欠圓滿，但在實踐上，憑其戰鬥向前精神，易於取得臨時的勝利，而終極則不免要失敗。內傾型的文化，就理論講，其觀念似較圓滿，但在實踐上，和平而陷於軟弱，要守守不住，要定定不下，遠景雖美，抵不住當前的橫風暴雨。於是人類文化，遂在此兩類型之偏勝偏短處，累累地發生了無窮的悲劇。這是已往一部整個的人類史，要待我們從頭來安排、來調整。

五　文化七要素

一

上面從文化發源處，約略描述了人類生活內傾外傾之兩大類型。這好像坐飛機，凌高俯瞰，雖然指點出一些山川分野之大體形勢，但究屬太粗太簡。下面我們將把飛機從雲層中漸漸降低，好讓我們再多領略一些地面上的真實情況，及其繁複變異之諸多貌相。但我們仍將是一種鳥瞰式的，憑空掠影的巡閱。

我們屢次說過，文化是指的人類生活之總體，而人類生活則是多方面各種部門之配合。人類文化逐漸演進，則方面愈廣，部門愈雜。但扼要分析，我們仍可將人類生活之諸多形態分劃成七個大部門，我們此刻稱之為文化七要素。古今中外各地區、各民族一切文化內容，將逃不出這七個要素之配合。我常好把人類文化譬喻作七巧板。雖則板片只有七塊，那七塊板片各各不同，經過各種拼湊配搭，卻可形成諸種的異態。此文化七要素：

一、經濟。

二、政治。

三、科學。

四、宗教。

五、道德。

六、文學。

七、藝術。

此已包括盡了人類文化所能有的各部門與各方面。我此刻想先分別指述出此七要素在人類整體文化中所各自具有的地位和功能、意義與價值，然後再進一步來看人類歷史如何把它們搭成各式各種的花樣。

二

第一先講經濟。

此一要素，包括衣、食、住、行種種物質生活，即相當於前述之文化第一階層。經濟生活，即人類文化之基石。但它在整個文化體系中，卻是消極的價值多，積極的價值少。因為沒有經濟基礎，影響甚大。但經濟水準愈提高，它對人類全部文化體系所能貢獻之意義與價值，並不相隨提高，甚至會相反地愈降低。

簡單說：喫不飽，影響大；但在飽的條件之外，來提高喫的標準，那可沒有很大的意義與價值了。穿不暖，影響大；但在溫煖的要求之外，再來提高穿的標準，那它的意義與價值也便降低了。五口之家，若說需要五百元新臺幣來維持低水準的生活，減少了五十元，便可有種種壞影響。若減少一百元，影響可能更嚴重。但若增加五十元的收入，當知此五十元之積極價值，不會比減少五十元的消極價值高。若增加一百元，此一百元之積極價值，也不會相抵於增高五十元之一倍。你若增高收入到一相當限度，此後的再增高，可說對你私人生活，實際上將會全無意義，全無價值。不僅如此，它將發生反作用。多金為累，使你生活反而不正常，不愉快。私人如此，集體亦如此。

物質生活提高，並非即是文化總體價值之提高。孔子、耶穌時代，在油燈蠟燭光下讀書，一樣是憑光見字。在電燈光下，並不能使人對書中意義了解得更深細，更透切。哥倫布坐着帆船，橫渡大西洋，浪濤顛簸，危險是誠然危險，然而刺激人心神，使人情趣、意志、智慧，都會發生大振作與大鼓勵。他這一番航海，打動了此下全世界幾百年人類內心精神之無限興奮。今天你坐着環遊全球的雙層大飛機，在飛機中安穩看報，喫咖啡，打瞌睡，舒服誠然是舒服，便利誠然是便利，但在你內心精神上，這一番長途飛行，並不發生什麼大作用、大變化。提不高你的人格，磨礪不出你內心的潛在智能。別人亦淡焉置之，視若無覩。不會再驚天動地般，在精神世界裏發生什麼波瀾與影響。從前所面對的自然，是一個不可知之敵或友；現在所面對的自然，是你家中一循謹的僕人。你當知社會上你的敵或友，所對你的貢獻，不一定比你家中一循謹僕人的貢獻更少些。

物質生活進步，誠然是人類生活中一項重要的進步，但僅是一項重要的進步而止，我們千萬不該單憑物質生活來衡量全部人生。至於說經濟人生可以決定其他一切人生的話，我已在講文化三階層時詳細剖析過，此處不待再論。

三

第二順便先講科學。

近代西洋文化所以能具有領導世界的力量者，就在其科學之發達。但科學也只是文化七要素中一要素，它在全部文化中，也只能有它一部分的功能與地位。讓我分兩個步驟來加以說明。

第一先說科學之屬於「實際應用」方面者，例如電燈、飛機之類的發明，其最大貢獻，都屬物質經濟生活的範圍內。科學在這方面之貢獻，也還是消極的勝過積極的，這已在講經濟人生時說過。但科學發明之應用，雖多屬於物質方面，而科學發明之本身，則顯然是一種精神的。從前常有人說，東方文明是精神的，西方文明是物質的。其實一切物質生活，全都有待於人類精神之參加與創造。惟科學發明，僅出於人類之理智，而理智亦只是人類心靈功能中之一種。人類全部心靈，決不能單用理智一項來包括。科學家憑其理智發明眞理，也只可說它發明了科學眞理，或說是自然眞理，卻不可說它所發明者便是人生眞理。最多也只可說是人生眞理中之一部分。而科學眞理必然比較是客觀的，所謂客觀者，正為它是站在人生圈子之外圍。我們竟可說，科學界所發明的一切眞理，全在人生之外圍，並未深入人生之內裏。我們該明白科學眞理不就是人生，人生也不就是科學眞理。

近代科學，在西方突飛猛進。但從廣義說，西方科學很早便存在。二加二等於四，亦是一條科學眞理。發明此一條眞理的，並不比牛頓發明力學三定律，愛因斯坦發明相對論，特別容易些。人類開始發明火，也並不比近代發明原子能與原子彈更省力些。二加二等於四之發明，以及火的發明，它對於人類文化之貢獻，也並不比近代的科學發明定欠偉大些。但二加二等於四，只可說它是一條眞理，卻不能說它是一件人生。它還是站在人生圈外，不過由於此一眞理之發明，而對人生給與了許多方便。我們現在知道地球繞太陽轉，而非太陽繞地球轉，此亦是一項眞理，但仍非人生，它仍站在人生之外。我們知道這一眞理，可以影響人生之有些部分而獲有改變。這其間有相關，但並非是一體。若使世界上沒有人類，二加二還是等於四，地球還是繞着太陽轉，所以說科學眞理是客觀的，是永恒的。但人生卻是變動不居。我們此刻主要的是講文化，講人生，不是講宇宙眞理。人生不可能逃離於宇宙眞理之外，但宇宙眞理並不便是人生。

黑格爾曾有一句話，說：「一切存在都是合理的。」此就宇宙眞理言，固不錯。但就人生眞理言，卻大有問題。儻使一個兒子殺了他的父親，就科學眞理講，他或用毒藥，或用手槍，或用刀，或用繩，沒有合理的方法殺不死人。兒子為什麼忽然殺父親呢？或許是神經病，或許喝醉酒，或許從小氣質不好，所受教育不良，或許一時錯誤，在心理學上，仍必有一個合理的解答。但就人生講，這件事總是要不得。科學是超越人生的，過去的科學如此，將來的科學還是如此。科學眞理只告訴我們可能與不可能，必然與不必然。科學不管該當與不該當。兒子要殺父母，如此則可能，如此則不可能。如此則必然死，如此則不必死。這些知識，都需求之於科學眞理。至於該當殺或不該當殺，此與科學眞理不相干。

科學眞理可以為我們創造一個環境，告訴我們一套方法。至於決定如此做的則是人，非科學。科學家運用理智來發明眞理，眞理屬於人的智識，智識則是人生之副產品，附屬物。從人生活動中產生智識，發明眞理。智識譬如夏夜飛螢尾上的光，螢向前飛，尾上光一閃一爍。螢飛在前，光照在後。兒子要殺父親，他最先動機不由智識決定。若問如何殺法，才是智識分內事，才由智識來決定。人類因有戰爭，才發明到原子彈。發明原子彈要憑藉科學眞理，但科學眞理只教你如何樣戰爭，如何樣殺人，至於要不要戰爭，該不該如此般殺人，此是人生問題，非科學問題。科學只能輔助人生，方便人生，但人生決不能由科學來作指導與決定。我們瞭解到這一點，便可瞭解科學在人類文化整體中所應有的地位和價值。

四

若把更廣義的科學來講，科學應分兩大部門：

一、是自然科學。

二、是人文科學。

人生不能逃離自然，但已超越自然，與自然不全相同。對象變，研究的方法也該變。自然科學主要淵源於數學與幾何，這種智識，是推概性的，由「一」推概到一切。兩個加兩個是四個。一個三角形之三個角等於兩直角。全是抽象的、形式的、數量的，所以可能推概一切。研究到其他一切物理和化學便不然，研究到氣象和地質更不然，須先總括一些具體事情，才能再加以推概。這已不是純抽象、純形式的。其具體內容，在總括上有限制，在推概上同樣有限制。研究到生物則情形更不同。不出戶，知天下，關閉在實驗室裏，只能研究數學和理化。達爾文便須遍歷世界各地，大量搜集各種生物標本，實地觀察，才能總括地發表他的「生物進化論」。

形數之學是靜定的、不變的，物理、化學、氣象、地質的內容便有了變。但電終還是電，熱終還是熱，風雲還是風雲，土石還是土石，有變而無異。

生物學的研究對象，又加進了生命，而生命的特徵在相互有異。生物愈進化，其相異性愈顯著。一到人類，又在生命中加進了心靈，心靈與心靈間之相異性則更甚。更不能把一個例來推概一切。「凡人皆有死，蘇格拉底是人，所以蘇格拉底也有死。」這是把一切來推概一。但此所謂人，依然是自然人，是物理化學人，並非是超乎自然的生物人，更非具有心靈的文化人。心靈是可以萬異的。你不能說「人人都怕死，蘇格拉底也是人，所以蘇格拉底也怕死。」他堅拒越獄私奔，寧願仰藥自盡，普通的心理推概，此處便用不上。

人事萬異，只能多用綜括，少用推概。經濟學的推概性比較高，政治學的推概性比較低。歷史文化學，則站在人文科學中之最高點，更宜多綜括，少推概。若把人類智識排列成一條線，數學、幾何在一極端，歷史、文化學在另一極端，那一端是推概性的，這一端則是綜括性的。中間各學科，或則推概可多於綜括，或則綜括宜多於推概。生物學則在此兩極端之中點上。

近代西方，自然科學突飛猛進，但他們好把研究自然科學的方法與觀念來研究人文科學，這是一大毛病，至少是一大偏陷。他們研究心理學，所得成績，多半是物理的心理學，再進則是生物的心理學，更進則是生理的心理學。卻很少人能企及到「人文心理學」或「文化心理學」的閾域。他們在物理上的了解多，在人心上的了解少。如此來講歷史文化，便要出毛病。

即如馬克思的「唯物史觀」，他只站在經濟學的觀點上來推概。他講經濟學，也只着眼在生產物的價格上，遂發明他的剩餘價值論和階級鬥爭論，而推演出他的「唯物史觀」來。在西洋史上，確然由中古時期之封建社會，轉演成近代資本主義的社會，然此亦僅就經濟立場着眼是如此。封建主義與資本主義對立，包括不盡西方中古時期到近代的歷史演變中之整個體貌及其內在精神。中國史與西洋史，並非大三角與小三角。此刻再把馬克思的私人意見所劃定的西方社會演變來硬推概中國史，自然牛頭不對馬嘴，更見其不恰當。

西方人又常有一偏見，他們常說「智識即是權力」。但我們先該知道，權力也不就是人生。人生所需既不單是權力，權力也不能解決全部的人生問題。我們若單認權力為文化價值之標幟，勢必比單認經濟財富為文化價值的標幟者更偏差。如是若單認科學智識足以增進人類的權力，而用來作為衡量全部人類文化體系之意義與價值之尺度，其必然的偏差也可想見。

五

其次將說到政治。

我此刻用「政治」一名詞包括人羣組合之種種法律、制度、習慣、風俗等而言。其內容約略等於上述之文化第二階層。

人類從經濟人生出發，前面分張着兩條大路。一條是科學，一條是政治。人類呱呱墮地，首先面對着物世界，同時也即面對着人世界。面對着物世界，故需科學；面對人世界，故需政治。一邊創造出自然科學；另一邊創造出人文科學。西方文化顯然偏向在自然科學那一邊，中國文化顯然偏向在人文科學這一邊。電燈、飛機須待發明；政治制度、社會禮俗一樣有待於人類智慧之發明。發明科學須符合自然眞理；發明政治社會一切措施則須符合人文眞理。文化整體中之這一階層，即政治社會羣體團結的一階層，這是上不在天、下不在地的中間階層，這裏面有許多糾紛複雜的道路讓人抉擇。大體說來，從廣義言政治，有上傾下傾之兩大分歧。上傾是把政治措施聯繫到第三階層而接受其領導；下傾是把政治措施遷就於第一階層而聽從其支配。

就西方言，它們的政治形態，不外三種：

第一：是希臘型的「市府政治」，根本精神在個人之自由平等，由多少數來決定從違。這一體制，其根本精神是下傾的。最後領導權很易遷就經濟階層來決定。何以故？因各個人的現實意向，很易為現實經濟而決定。

第二：是羅馬的「帝國政治」，其根本精神在權力之征服與組織。此一種權力之來源，仍是經濟的與由多數結合之團體而來。因此羅馬帝國政治之最先核心，依然是希臘市府政治，惟加上了一番向外侵略，而最後蘄嚮，仍不過為此最先核心團結之現實經濟作打算。

第三：是猶太型的，即基督教的，「上帝的事由上帝管，凱撒的事由凱撒管」，把宗教和政治分開。此因猶太民族受外力壓迫，政治不能自主，遂逃避進宗教圈子。此後中古時期，羅馬帝國崩潰，基督教會得勢，遂想把宗教來領導政治，連凱撒的事也由上帝管。

以上三類型的政治，可說是「民權的」、「皇權的」與「神權的」。此三型之最高理論，都是歸結到「主權」的。不過有主權在「人」與主權在「神」之區別；和主權在「在下之人民」與主權在「在上之皇帝」之分別而已。此三型政治中，只有神權政治想把政治聯繫到我上述的文化第三階層去，而接受其指導。但把出世的神權來指導現世的政權，終是情趣隔閡，無法溝通的。其他如印度、阿拉伯政治，也都把政權壓抑在教權之下。而現代西方民主政治，則仍是政教分離，上帝事由耶穌管，而凱撒事則改成人民管。但此種政治意識，依然沒有更高的理論領導，依然是卑之無甚高論，常不免有遷就第一階層之下傾趨勢。

只有中國政治，最先便想把第三階層來領導第二階層，再由第二階層來支配第一階層，它的政治理想也是上傾的。只其領導中心在道德不在宗教。宗教是出世的，道德是現世的。由宗教領導政治是間接的，而由道德領導政治則是直接的。道德政治並不抹殺個人自由，因道德精神根本必須建築在個人自由之基礎上。而道德政治亦必兼顧到多數心情多數意見。道德精神之終極歸嚮，必然是為多數與大羣的。人類文化，應該由道德來領導政治，再由政治來支配經濟，必使經濟與政治皆備有道德性。而此種道德，根本上亦與宗教相通，因宗教亦必須從人類心情中之道德上生發。惟宗教偏重在出世客觀，遂與道德之內在主觀分歧。

因於上述的分歧，在很早歷史上，中國秦漢時代，已能創建成一個絕大的民族國家。這一個國家體制，既與希臘型之市府不同，復與羅馬型的帝國不同，復亦與西方中古時期所想建造的神聖帝國不同。因此希臘有民族，無國家；羅馬有帝國，而帝國之內不能搏成一民族。近代西方依然還不能走上理想的民族國家之正路。依然是希臘市府與羅馬帝國之拼湊。整個西方，還是民族與國家之四分五裂，支離破碎。只有中國及早完成了「民族國家」之體制，即由一民族來創建一國家，由一國家來摶成一民族之體制。由於此一體制，遂決定了此下中國文化之繼續緜延與繼續擴大。這在世界人類文化史上亦是一絕大發明，僅是人文科學方面之發明，而非自然科學方面之發明。這一國家體制，不僅專建築在政治制度上，並須建築在社會禮法與家族倫理、個人道德、人類心情之種種教育精神之配合上。這種配合，則以人類心情大羣團結之道德精神為核心、為最高指導。所以中國人的政治理想，是修身、齊家、治國、平天下一以貫之的。是直下到個人，直上到天下的，而以各個人之心體性情為其主要出發，與主要歸宿之共同所在。中國的政治理想，自始即注重在整個文化體系中，要為它安頓一妥適的地位的。

何以中國人獨能在此政治意識與政治體制上有此成績，則因科學是外傾的，政治是內傾的，中國文化是一種「內傾型」的文化，與西方「外傾型」的文化間之精神對象不同，因此其在文化體系上所創闢的業績也不同。在西方文化中並非沒有政治，在中國文化中也非沒有科學，但就整個文化體系言，各自所占地位高下不同，所占分量輕重也不同。七巧板中的一塊板換了位置，塊塊都得隨而變。才能另成一格局，另像一花樣。人類文化所以有諸多繁複相異的形態者，其故即在此。

六

科學面對物世界，政治面對人世界，用科學眼光看物，物在我之外，所以要鬥爭。用政治眼光看人，人亦在我之外，所以要組織。現在要講藝術、文學、宗教與道德，此四種要素，則沒有內、沒有外，只有一個上下古今、天下大同的「心靈」，內外交融，凝成一體。到達這一境界，才算是眞人生。這些始屬上述文化第三階層，讓我此下分項逐一申說。

最先講藝術。

科學是理智的，藝術則是趣味的。理智中的物只是物，趣味中的物是「生命」，是「心靈」。理智常要把物破毀、拆碎、改變原形，想看它一個究竟底細，此即所謂「分析」。然分析所得，常是死的、凝固的物，並非物之眞相與原形。藝術精神則重在「欣賞」，把整個的我，即把我之生命及心靈，投入外面自然界，而與之融為一體。於是在自然中發覺有我，又在自然中把我融釋了、混化了，而不見有我，而那外物也同成為一「靈」。這是藝術的境界。

你試登高遠眺，天地何其偉大，自然何其美麗。同時你當知，偉大者即是你的心，美麗者也還是你的心。而你則在此偉大與美麗中喚醒了你自己，同時也遺忘了你自己。你解放了，你陶醉了，忘我忘物，一片天機，在歌唱、在跳躍。這是你藝術的生命。你拉動琴弦，你當知，不是在拉琴弦，是在拉動你的心。而且在拉動聽你拉的人的心。你聽人拉琴弦，你也不在聽人拉琴弦，你在聽人拉他的心。實際上，你不是在聽人拉他的心，而是你心自在拉動。這是藝術生命之「共鳴」。音樂場中，最圓滿的成就，是一片心靈之洋溢。這是心物相通、心心相通，通體只是一心、只是一生命、只是一靈，此始是人生。

嬰孩初生，他不懂數學、不懂幾何，但他懂哭懂笑。稍大，便愛跳愛唱，但並不即知愛算數。可見藝術人生實較科學人生為先起、為親切。建築也好、縫紉也好，一切物質人生中，必有藝術人生之參加。你驟見電燈，驟上飛機，你當時的心境，多半是藝術的。人生走進自然科學的境界則是不得已。又必遭遇外面阻礙，才得接觸上自然科學的境界。而且還只是接觸其外皮。若論最高的科學精神，就其真理之發見與創造而言，則這一種精神之經歷，也依然是藝術的。必待你的心性，理智而純淨地趣味化了，才始有科學上偉大之發明。因此一切科學家，當其朝向發明的那一段精神過程言，全可說是藝術的。但於科學家之發明而應用到物質經濟人生方面來，在具體的實用上，則總與人生的最高境界隔膜，總是在人生圈子之外圍，總不如藝術人生，它徑捷地把「物、己」「內、外」融凝了。

茲試再言「靈」。自宗教信仰言之，可謂有神靈。但自文學、藝術、文化言，中國人則謂有

「心靈」、「性靈」。即從西方自然科學言，其開創發明亦肇端於人心，與物無關。言及物，即無靈可言。故中國人只言「人為萬物之靈」。而西方如馬克思提倡共產主義，乃主唯物哲學，是人生只有物質財富，更無心性神靈，眞可謂冥頑不靈之尤矣。

七

再次講到文學。

藝術是把人生投向非我的「物世界」，文學才把人生投向與我同等相類之「人世界」。它將發現在人中有我，而我在人中則融釋了、化了、不見了。藝術可「忘我於物」；文學則「忘我於人」。藝術偏於趣味的；文學則是偏於情感的。人生求要有趣味，更求要有情感。藝術的對象是物，物非我，於非我中所發現之我乃一「想像我」。文學對象是人，人亦即是我，於彼一我中發現此一我，其間更無隔膜，因此其所發現，乃更為一「眞我」。藝術以物象為主，我之投入則為「客」。文學則以人生為主，我之投入，乃亦同是一「主」。藝術人生中所發現之我，乃是我之一象徵。文學人生中所發現之我，則是一眞我。藝術中蘊藏者是物，文學中蘊藏者則是人，亦即是我。忘我而得我，所得者又是眞我，這一點上，藝術更不如文學之眞切。

畫中人不如劇中人，劇中人不如眞人。人生要求文學，必更甚於要求藝術者，端在此。然正為此故，藝術無悲劇，而文學之主要內容則必為一悲劇。如孔子不得行其道而死，此非人生一絕大悲劇乎？藝術僅求有「寄託」，文學則非僅求寄託，乃在求「呼應」。故藝術之於欣賞者無所求，故藝術家亦無所失、無所苦。文學則必然有所求，而所求對象即是人，亦各有其主觀，於是文學者之所求，乃有失、有苦。論語孔子曰：「人不知而不慍，不亦君子乎！」故孔子生平，亦不志在為一文學家。人之對自然美，盡於欣賞，對人之美則不能無所求。苟其求眞摯，必帶強烈性，乃若帶破壞性。對方不能如我意，則於我亦反有所破壞。故藝術之對象乃自然，乃可任我排佈，當下即是。文學之對象是人，人亦是一我，彼一我不能由此一我作主，此一我之要求愈深愈強，彼一我之反應亦愈不易相符，人生眞悲劇全由此起。

今若從科學上看，則物質外在，與我對立。但到藝術境界中，則兩體融和，不見對立。到文學境界中，則人相處合成一大羣，亦不見有對立。今若試想，世界上只此一我，孤零零如魯濱遜飄流荒島，四圍都是物，都有待於我之去想、去懂、去處置、去利用，而外面則只是深黑一片，沉默地朝對我，冷酷地靜看我如何辦，那是何等可怕而不可忍的一個局面呀！但那是純科學的世界，亦即是一純科學的人生。人生不能老在純科學的世界中，過一純科學的人生。這樣的人生，太陰沉、太暗澹、太呆板、太冷酷。必須有藝術的靈風來吹散，必須有文學的暖氣來烘暖。現代人生，距離藝術與文學的人生太遠了，所以要有藝術家與藝術作品，要有文學家與文學作品，來相調劑，來相吹噓。此只是人類文化初接觸到第三階層時之曙光微露。

文化第三階層之終極理想，應該是一個藝術與文學的世界與人生。那時則整個自然全部藝術化，整個人生全部文學化了，那多麼有趣味，多麼富情感呀！此刻則還在科學世界，大工廠裏的機器轉動，僅可大量生產冷酷無情的物，只是財富，沒有人生情感與趣味。人生不能是唯物的，也不能是唯生產的，唯科學的。唯物的生產，生產不出人生情趣，生產不出人生眞理來。科學眞理，也不即是人生眞理。而人生之所求，則主要在情趣上。必待於物質中發現了生命，生命中發現了心靈，在心靈之交互相通中，才發現有人生情趣。那是人生心世界中事，非物世界中事。因此文化也必待發展到第三階層，乃始到達人生之眞要求與眞理想。

以上所言，乃略就世界人類文學大體有如此。而深言之，則中國文學又獨不然，有特異其趣者。中國文學則早已藝術化，與其他藝術多所同而少所異。遠自西周初年，古詩三百首，下迄戰國中期楚屈原之離騷即楚辭，為中國此下兩千年文學之大本大源。後代文學即依此而發展。而其體制與境界，乃與其他民族之文學內容有其大不同。

古詩分賦、比、興。「賦」者，自敍其事，此乃文學之大共體。而「比」則來自宇宙自然界，即與藝術大相似。而「興」則於此下人類繼續誕生之性情有興起，尤為此下文化大本大源之所在。故中國文學，乃自修身、齊家、治國，而達於平天下。自人生而達於宇宙自然界，終始本末，一以貫之。體用皆備，而無所缺失。亦宗教、亦哲學、亦科學，而兼容並包，無不俱備。論語言：「夫子之文章，可得而聞也。夫子之言性與天道，不可得而聞也。」顏子則曰：「夫子博我以文，約我以禮。」中國傳統文學，上包「性與天道」，下涵「人生諸禮」，其內容有如此。則又烏得與人生分別而言之。

八

其次要說到宗教。

人到無可奈何時，才感到需要信天、信宗教。宗教是一件變相的藝術，變相的文學。人窮則返本。苦痛臨頭，才懂得要皈依與信仰。

由近代科學言，宗教似非宇宙眞理。遍覓太空自然界，找不出一上帝及其所在地。但由藝術、文學立場言，宗教顯然亦可說是發生於人生之心性，乃心性中一要求。老母送子從軍，乃是無可奈何。人生既不能無國家、無社會、無法律、無戰爭，愛子已達兵役年齡，無可逃避，前赴戰場，生死莫卜。好罷，上帝保佑你！那再有什麼辦法呢？

宗教人生是頗接近於藝術與文學的。但顯然地非科學。一切宗教儀式，都成為藝術；一切宗教傳說，都成為文學。但禁不起人心理智的查問與考驗。上帝只是人類內心中所要求的一親人，不如人類所親手創製的一工具。今天科學發達，想像中的上帝太遠、太渺茫、太無把捉了。親手製的工具則就近可靠。背離了上帝，來尋求工具，仰仗工具，認為人生可憑工具得救。然而工具乃由人類理智所製造，終於救不了人生，此又是人生一悲劇。

九

最後講到道德。

在中國人觀念裏，人生終極希望，乃道德，非宗教。創世紀，耶穌復活，末日審判，這些說法是宗教。耶穌的十字架精神，這種人生始是道德。

道德是人生理想之實踐。文學有所求，宗教亦同有所求，而道德則有獻非求。道德只求「盡其在我」，不更向外別有求。

父求慈，不求子之必孝；子求孝，不求父之必慈。文學是求在別人身上發現我，在別人身上完成我。道德則我在別人身上發現、完成。在兒女身上發現完成了理想的父母；在父母身上發現完成了理想的兒女。沒有兒女，發現不成理想的父母之慈。沒有父母，發現不成理想的兒女之孝。沒有道德，發現不成理想的我。道德只是人的眞性情，只有性情始是人之眞，始是眞我，始是眞人生。父母求

子，不在先求父慈。

文學人生不能自足自信；道德人生則極度自足自信，因其所求不在外而在己。宗教不能忘我，要向外乞靈；道德能「忘我」，於忘我中發現完成我。慈父心中只有子，孝子心中只有父，都能忘我，如是始能完成其慈與孝。這是忘我而得我。要做慈父，不在先求子孝；要做孝子，不在先求父慈。

「六親不和有孝慈，國家昏亂有忠臣」，自文學眼光看，此是人生悲劇。由道德眼光看，「求仁得仁，又何怨？」君子無入而不自得。這亦可說為是最親切最眞實的人文科學；是最完美最堪欣賞的人生藝術；是最浪漫最感滿足的最高文學；是最狂熱最眞摯的理想宗教。

若說宗教是信仰的，道德則是意志的。信仰在外，意志在我。在道德意志中，可以有理智、有趣味、有感情、有信仰，所以能無入而不自得。

科學可以反宗教，卻不能反道德。藝術文學可以是非道德的，而眞道德卻不該是非藝術非文學的。

人人皆求人敬人愛，得此則樂，不得此則不樂。敬愛只是一種人心的境界與領略。今試問，你受人敬，受人愛，你到達了此種心的境界與嘗試了此種心的領略，你自覺得可樂。但若你敬人，你愛人，豈不同樣地到達此境界，獲得此領略，你心豈不同樣地感到快樂嗎？

文學境界中，常在求得對方之愛；宗教境界中，則在求得上帝之愛。道德境界之所求，則乾乾淨淨只在我心之此愛。惟其是乾乾淨淨只求此「愛」，只求此愛的境界與領略，則只要我肯發心愛人，便已達到此境界，受到此領略，又豈有不得之理？耶穌在十字架，即已遇見此愛，他已到此境界，得此領略。由西方宗教來說，耶穌所獲的那一種心中之愛，實即是上帝之愛，由上帝所給與。但由中國傳統道德見解言，那是乾乾淨淨的一個愛，發自耶穌本人之天性。

中國人雖說，人之心性稟賦於天，但早已由天稟賦給人了，早已在人心中，早已成為人之「天性」，即人之「性情之眞」。則此愛徑可說從自己心裏發出，從自己性情中發出。心不在別處，早就在這裏，亦永遠在這裏。性情不在別處，早就在這裏，亦永遠在這裏。你若認識你自己之心，自己之性情，你便認識了此愛，獲得了此愛。但由此說去，那是道德境界，卻不是宗教境界了。因其沒有把上帝或天安放於我之外之一更主要的地位。

此刻再說「敬」。愛中必帶有敬，敬中亦必帶有愛。有愛無敬非眞愛，有敬無愛非眞敬。「敬」與「愛」，只在字面上分別，其實所指還是人類共有的這一顆「心」，還是這一顆心之眞要求、眞性情。孝也好，慈也好，還都是這一個心，還都是這一種性情。只由其對象不同，流露不同，而增添了許多名目。在孔子稱之為「仁」，孟子稱之為「善」，仁與善所指的都只是「人心」與「性情」。此是中國傳統文化精神偏向內傾的看法。

西方人偏向外傾，便認為這一個東西，這一番境界，必然來自超越人類以外的上帝，而且永遠在上帝那邊，永遠不在人類之本身。西方人未嘗不認耶穌在十字架上的那番心情是耶穌當時由衷而發的，但必推本溯源，安放在人生外面，說這是來自上帝的，這才成其為外傾文化裏的宗教。中國人未嘗不說人類那種心情是由於天賦，但賦與我了，便為我所有，故必強調此種心情乃由人類內在所自發，這便成為內傾文化裏的道德。

我們可以說，西方文化的最高精神，是「外傾的宗教精神」。中國文化的最高精神，是「內傾的道德精神」。外傾精神之發展，一方面是科學，又一方面是宗教；內傾精神之發展，一方面是政治，又一方面是道德。向外看，又向高處遠處看，在西方是上帝，是耶穌。若改向低處近處看，則成為馬克思之唯物史觀，成為生產工具與生產方法。其側重點總在外。中國道德精神之側重點則總在內，此是中西雙方文化不同之主要分歧。

十

以上講完了文化七要素中的每一要素，就其在整個文化體系中之地位與功用，意義與價值，及其相互間配搭之關係。每一文化，必然具此七要素，而各各配搭不同，因此其所占地位與功用，意義與價值亦隨之不同。茲就中國、西歐、印度三方試繪一圖，略示梗概。

左圖顯示中國所重在政治、道德、文學、藝術諸部；西歐所重在經濟、科學、宗教諸部；印度所重則在宗教、藝術、文學諸部。

一切文化，固然全從經濟人生出發，但由此內傾，則成為中國型，偏重政治、道德、人文一面。由此外傾，則為西歐型，偏重科學、宗教、自然一面。

中國文化不免偏輕了經濟價值，而印度對經濟人生更看輕，遂成為以宗教、藝術、文學為偏重的另一類型之文化。經濟必依附於政治或科學，文學藝術則必依附於宗教與道德。印度在此方面，其文學藝術偏傾向於宗教，則頗近西歐。但其偏輕了經濟，偏輕了物的人生，則又近似於中國。

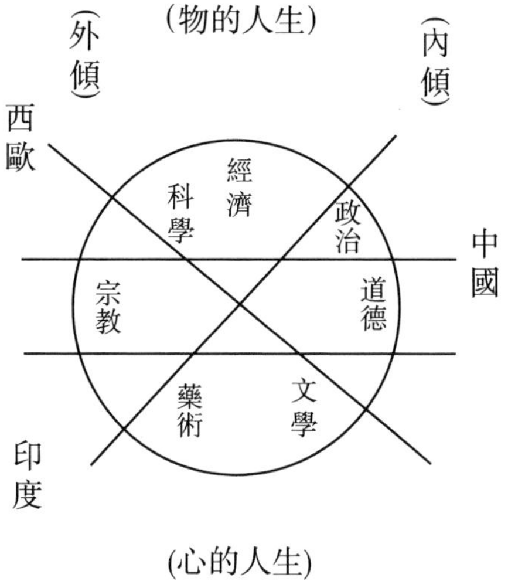

此七要素中，「入世文化」的終極指導為道德，「出世文化」的終極指導為宗教。但西方人由向外征服之科學精神，昇騰到向外降服之宗教精神，不可不謂是其文化精神一種內在之矛盾。印度則脫離現實，距隔物質人生太遠了。中國文化則隔離科學太遠，同成為一種虛弱之徵。

此文化之三型，雖固互有得失，但實則各具七要素，只因偏輕偏重，配搭方位不同，分量不同，而七要素之內具精神，亦復互各不同。此層若要細講，殊非短時間可了。此刻姑再舉一例，以資說明。

上面說過，宗教精神是出世的，道德精神是入世的，因此我們可以說，宗教精神普通都是柔性的、陰性的、帶有消極性；而道德精神則總是剛性的、陽性的、帶有積極性。上面又說過，文學藝術常依附於宗教或道德。而西方文化則偏向宗教，中國文化則偏向道德，因此關係，中西雙方文學藝術，亦連帶有其內在精神之相異。在西方，文學常稱為站在人生之前端，藝術亦大體如是。試看西方的小說，或戲劇電影，就中國人看法，它總帶有刺激性，總帶有火氣，使你熱辣辣，心不安，要從現實中掙扎向前衝。但社會人生並不即是文學人生，經濟人生更非文學人生，你的掙扎不免要碰壁。而失敗了，回過頭來，有宗教上帝在撫慰你，饒恕你。一張一弛，西方文學藝術則是常帶陽性的、積極的。但在中國則不然，文學藝術往往一片恬憺，一片溫和。具體刻劃的小說戲劇，並非中國文學之正宗。中國的文學藝術，常喜從人生現實中躲避一旁，它帶陰性的消極氣氛。溫柔敦厚是詩教。在實際人生中失敗了，在中國的文學藝術中，可獲得慰藉與同情。中國人的道德教訓像是一嚴父，文學藝術則像是一慈母。一張一弛，中國文學藝術卻擔負了西方宗教的功能。

此刻的中國人，一面愛好西方的文學藝術，但同時卻不能誠懇地接受西方的宗教信仰。另一面雖不能強調提撕自己的道德精神之傳統，但在其內心深處，實在也並未能徹底把道德傳統放棄。於是在目前中國人的內心深處，譬如失卻了慈母之溫存，乾燥、冷酷、苦悶，精神上無慰藉、無解放。窮苦家庭的子弟，常易奮發。只有家庭無溫情，子弟易於變態、失常、走極端。馬克思主義在西方，抹殺了耶教精神，西方共產黨徒，一樣是無母之孤兒，老對着一位嚴厲的父親，要你向前喫苦，喫苦向前。向前為的是喫苦，喫苦為的是向前。如此人生，有何了業？然而這一種喫苦向前、向前喫苦的新宗教，居然也能一時蓬勃，這只有在人心失常變態走極端時才可能。

今天在中國共產主義之興起，與其說是經濟問題，政治問題，更不如說是大多數人心理上有糾結，有變態，而失常，才走此極端。換言之，這是中國文化在其統體配搭之失卻調整中之一種病象。我們若非總觀文化全體機構，單從一枝一節處着眼，永遠將摸不到要領。

六　中西文化比較

一

上面所講「文化三階層」、「文化兩類型」，及「文化七要素」，本來只想先就人類文化體系中之一般情況，作盤空不着實地的描述。但為便宜趁勢，有些話早已落到實際，牽涉及中西文化之異同比較方面。這一講則擬再進一步，專就此問題，即中西文化之異同比較問題，作更翔實更具體之申說。讓我們這一架專供觀察人類文化者所乘坐的飛機，從雲層再度下降，再更接近地面，好仔細更多考察地面上的一切。但下面所說，依然是在飛機的廂座裏，依然是一種盤空掠影的觀察。這是我們這一講演所預定之節限。

上面講過，因為文化兩大類型之不同，在經濟人生之下，便分出偏政治、偏科學的兩條歧向。科學外傾，偏向物世界；政治內傾，偏向人世界。又從政治支派之下偏向道德；科學支派之下偏向宗教。宗教外傾，道德內傾，文化第三階層之大趨勢，依然沿續第一、第二階層之原有傾向而前進。宗教一切歸宿到上帝，上帝在人之外，並不在人之內，如此便成為「天」「人」對立。耶穌教人，你該照上帝意旨來對人對你的父母。此因宗教看人生本身便是一罪惡，人在罪惡中，不可能有愛，不可能懂得愛，所以必要皈依上帝才能來對人。中國人講對父母要孝，對人羣要仁，是人生天性。天生人便懂得愛父母，愛同類，人性中便有愛。愛在人之內，不在人之外。可見理論上的宗教根源是「外在」的，道德根源是「內在」的。

宗教精神，實際就等於科學精神。它講述世界由誰創造，人類怎麼出生，科學研究的也是這些問題。西方的哲學，常是一邊依傍宗教，一邊依傍科學，也都在這些問題上用心。中國人偏向道德精神，就不問這些事，不問世界由誰創造，人怎麼來，宇宙原理如何，卻只就現在此刻人生本身之實際做出發點。我們也可說，中國人的政治，也便是道德。政治即是道德實踐之一項目。中國沒有像西方般的哲學，中國哲學，也都偏重在政治和道德問題上。

因有此兩大區別，連及文學藝術也各不同。於是循環過來，再影響到他們的經濟人生，牽連引生出種種相異，種種不同。

讓我再作一譬喻，若把文化比作一棵樹，第一階層的經濟，第二階層的政治和科學，譬如陽光、土壤、水份與肥料，沒有這些，便不能開花結果。文學、藝術才始是人生之花果。人類文化，必先安排好第一第二階層，造成了一個環境，才有第三階層之花果。宗教與道德，則是那一棵樹的內在生機。缺乏了這生機，儘有陽光、土壤、水份、肥料也開結不出花果來。生機才真是所謂無用之用，看來像無用，其實用處最大。所以我們將特提「道德」與「宗教」，作為人類文化體系中最主要的核心。

二

這些話，依然是重複闡述上一講的意見。現在我將進一步先來分析現代西洋文化之來龍去脈，然後再把中國文化和它作對比。

近代西洋文化有三大淵源，

一、希臘。

二、希伯來。

三、羅馬。

希臘文化是一個畸形發展的文化，何以呢？按照上述文化三階層，遞次進展，該從第一階層透過第二階層，而進入第三階層，才是文化演進之正軌。但希臘文化則不然，它直從第一階層升騰到第三階層去。希臘人始終不能構成一國家，老在市政府政治下停留了。那是它的大缺陷。最先的希臘哲人們，都在東方殖民地居住，因此他們並不留意希臘人本身的政治社會問題，他們的思想，常從個人人生直透到宇宙萬物，還從宇宙萬物直落到個人人生，中間忽略了羣體團結的一階層。他們的科學、文學、藝術，造詣雖高，對政治沒有好安排，譬如腰部受病，到底要妨害全身健康。蘇格拉底、柏拉圖、亞里斯多德，已在希臘晚期。他們的思想，還是受了傳統束縛，他們雖開始注意討論到社會羣德方面，可是也並無大成就，無大影響，希臘文化也就此夭折了。

猶太民族是一個流離播遷喫盡苦楚的民族，輪不着他們來預聞到大羣政治社會的一切措施。他們常在想，外面人都不好，都在欺侮他們。他們自身也不好，所以永遠受人欺侮，必是罪有應得，因此上帝不給他們過好生活。希臘的文學藝術是懽樂的，猶太人的宗教觀念是悲哀的。人生本身即是罪孽，根本無好希望！只盼一救世主出世，來拯救他們。耶穌便應此民族內心之呼召而來。但耶穌說，「上帝不僅要救猶太人，一切塵世苦難人，上帝都要救。」這一說，平白地把猶太民族一向希冀的上帝，分送給別人了。耶穌因此終於釘死在十字架上，此是耶穌精神之偉大處。但耶穌心裏的上帝，其實也並不能拯救這一世界之現實人生。羅馬人正在當時向他們橫徵暴斂，耶穌卻說：「凱撒的事由凱撒管，上帝的事由我管。」這是說，上帝不管這世間事，不管人生現實，上帝只管你死後；不管你的肉體人生，只管你死後的靈魂。你生前世間事，仍讓由羅馬皇帝羅馬法律來管吧。如此則豈不只管到人生死後的一半截，而且比希臘人更脫空，只有上帝和天國，連文學藝術的現世生活都沒有。但希臘的文學藝術，雖屬現世的，卻是「個人的」。耶教的上帝，雖是出世的，但上帝的心關切到全世界全人類，因此耶穌教義是「世界性」的。這一點，正可彌補希臘人的大缺陷。我們不可能專講希臘個人精神，必得補上耶穌博愛犧牲的教義。

再次是羅馬，羅馬人的法律政治，確有大成就。但羅馬文化又透不過第二階層，進不到第三階層。若說羅馬人也懂道德，那是政治性的道德，非道德性的政治。羅馬是政治、法律、權力、組織高出一切的。因此羅馬文化始終停滯在第二階層裏。耶穌教傳入羅馬，羅馬帝國統治下的一羣被壓迫人民，像瘋狂般地信從。羅馬政府無法彈壓，無法禁止，結果凱撒向上帝求和，羅馬皇帝也信奉耶教，暫求妥協。但羅馬帝國不久也便覆亡了。

中世紀日耳曼蠻族入侵，帝國瓦解，凱撒並不能借上帝之力來援救羅馬，但上帝卻反而借用了凱撒之力，把羅馬人的法律組織灌輸到教會裏，形成一大力量，漸漸克服那大批的蠻族，使他們亦來聽受教化。但這裏又出了毛病。宗教到底是外傾的，是出世的；政治是內傾的，是入世的。宗教而政治化，由宗教來控制政治，那得無病？文藝復興，是希臘文學藝術精神之復活，是個人現世懽樂主義之復興。宗教革命，是「凱撒事由凱撒管，上帝事由上帝管」耶穌那一句遺教之復興，政治再從宗教牢籠下掙扎獨立，這樣才有西方現代國家之產生。

三

法國大革命，提出個人自由、平等的口號，那是希臘精神，博愛則是耶教精神。近代歐洲英法諸國，其內在核心的政治體制是民主的，但對國外被征服地，則師承羅馬帝國規模。那是羅馬精神。近代西洋文化，正由如此三方面的文化傳統所拼湊而合成。

這樣的拼湊，本已費力了，中間又插入近代新科學之興起，忽然說不是太陽繞地球轉，而是地球繞太陽轉；又說人類由猴子演變而來，不是由上帝所創造；於是宗教信仰發生搖動。但耶教中的博愛精神與世界主義，在此整個文化體系中，若要拋捨，這是一大困難。因新科學而發明新機器，大工廠大企業，走向組織，又與個人自由的嚮往相衝突。法律平等，而經濟不平等；政治自由，而產業不自由。為要解救此一困難，只有向外征服，厲行帝國主義殖民政策，侵略外面來和解內部。這又與耶教之博愛精神、世界主義相牴觸。這些都是近代西方的文化病。

他們許多哲學家、政治學家、社會學家、經濟學家，絞盡心血，早在面對此種種困難尋求解決的出路，卻不料出了一絕大的反動。「唯物史觀」針對着宗教信仰，「階級鬥爭」針對着個人自由。有人說，西方的共產黨，有似於羅馬晚期地下的耶穌教會，但那時還是上帝、凱撒分權而治，此刻則凱撒兼做了上帝，只許你信凱撒，不許你信上帝。有人說，俄羅斯有似於羅馬晚期的北方蠻族，但那時的蠻族，僅還是一個武裝蠻族，此刻的新蠻族，則挾有一套新教義，洶湧疾捲，要對近代西方整個文化來一個全面吞滅。只有科學是中立的，這裏也幫忙，那裏也盡力。可見文化問題，不是一純粹科學的問題。

將來西方文化之前途，究將如何再調整，這自然有待於西方人之更大努力，此刻我們且把此擱下，再來看中國。

四

中國文化，從頭即是自本自根，從一個源頭上逐漸發展而完成。西方是諸流競匯，中國則是一脈分張。

中國文化，就上述文化三階層言，實在能就第一階層透過第二階層而進達到第三階層；還從第三階層向下領導控制第一、第二階層，符合於文化演進之正常軌道。不比西方希臘、希伯來是腰部虛脫的早熟文化；羅馬是透不到頂的積滯胸腹的臃腫文化；近代西方，則在拼湊此三系文化之後，因新科學之發現，物質生活之突變，第一階層過度膨脹，尾大不掉，無形中早有全從第一階層來發號施令的趨向。又好像大厦已成，基址搖動，是一種隨拆隨修的緊張文化。

就整個文化體系之配搭與演進言，中國比較合理而穩健。因此中國歷史上的文化病，常是些外邪風寒。若說其本身有病，則只是些一時弱症。所謂弱症，亦是對外面風邪之相比而言。中國土地大，國防線長，社會內部安定和平得久了，易於暴露弱症，但這不是一個本源病。因此中國史上雖有好幾度的外族入侵，但撼不動中國文化底本質，推不倒中國文化之全體系，中國人終於憑仗此文化潛力，把外患繼續消弭了，也把外族繼續同化了。

這是已往的話。近百年來，中國本身內部，早又犯了病，而外面大風邪，則是近代西洋嶄新的具有另一套的文化體系精神的強大壓力，遠不比已往的外患，才使近代中國陷入一前所未有的大困難，這一點還待我再加分析。

本來中國文化，已經發展成一個比較完整而健全的大系統，此層我已在另一書中國文化史導論中講述過，此刻不擬再述。惟是文化本身，亦如生命般，須得時時活動前進。最怕是生機遏塞，精神渙散。尤其在上述第三階層關涉精神心世界方面的各部門，應該不斷提撕，不斷發皇，然後第二階層的政治社會機構，可以不斷相隨調整，第一階層的經濟物質生活，可以不斷相隨充實。而中國自滿洲政權控制全國一百多年，到達乾隆、嘉慶年間，其第三階層裏的最高領導精神，由漸經遏塞而頹唐，而腐爛，而迷惘失途；第二階層政治社會機構，亦多走失樣子，與原有最高精神脫節。那時的滿洲統治，雖說已受中國之同化，但中國的文化大體系，也早為滿洲統治所腐蝕。這時候，本該有一番重新提撕調整工作，而西力東漸，另來一新刺激，內部的病痛來不及調整，外面的禍害又急切無法抵抗，同時也無法接納融化，這才造成此最近一百年來尷尬混亂的局面。

五

讓我再把此最近期間國內對文化問題的幾種看法，略一敍述。

有人說：中國文化根本要不得，應該全盤西化。這一說，實在不合歷史情實。中國文化綿歷四千年，可大可久之成績，早已客觀顯著。人類歷史演進，本非直線地上升或降落，而常循波浪式的曲線進行。若把中西雙方歷史進程統體比看，有時中國光輝上進，西方暗淡墮落；有時西方光輝上進，中國黯淡墮落。我們不該橫切這短短的兩百年，來衡量雙方全過程，而說中國文化根本要不得，便該全盤接受西方化。其次，「文化」與「文明」不同，文明是物質的；文化是生命的。文明可以傳播，可以模倣；文化則須自本自根，從自己內部生命中培植生長。如電影，機械、攝製、放映種種屬於物質技巧方面的是文明；編劇、導演、表演等是文學藝術，是一種民族文化精神之內心流露，兩者間截然不同。我們可以急速學到西方人拍攝電影的技術，但在劇本內容、演員表情方面，不僅中國的文學藝術精神與西方不同，即就西方論，英、美、法、德諸邦，也各有風格，各有精采，誰也學不像誰。電影是小事，尚屬如此。若謂中國人只要鈔襲西方一部憲法，便是政治西化；鈔襲西方一套學校章程，便是教育西化，那得如此般省力？

若使中國也如羅馬帝國崩潰前夕之北方蠻族般，自身本無甚深的文化基礎，只憑自己精力來接受外面文化陶冶，這比較尚簡單；然亦得經歷西方中古時期一段悠長時間之演變，才有近代西方文化之光采發越。不幸近代中國人，早已不是一蠻族，排去舊的，接納新的，不全是精力問題，還需要高度的理智。能疏解，能誘導，始可逐步轉進。若今天般單憑短視的勢利眼光，把中國的一筆抹殺，西方的盲目接受，那眞談何容易？

其實那輩主張全盤西化的人，又何嘗眞主張全盤西化呢？首先他們多不信基督教，而且有的還是極端反宗教的人。他們沒有想，宗教精神，在西方文化的果盤裏，是最珍貴的一碟，主張全盤西化而拒絕了耶穌教，勢必要走上唯物史觀的路向，宜乎馬克思要當仁不讓，大搖大擺地，儼然走進來高居首席了。

另一部分人，認為人類文化在本質上實無大差別，差別的只是前進與落後。中國文化只相當於西方之中古時期，只要再前進一步，科學化、工業化、現代化，中國便也和西方一般，這裏面並無更深奧的文化問題在作梗。這一說，其本身即是唯物史觀的見解。未免看輕了文化本質差異之重要。

我在上述文化三階層、兩類型、七要素時，對此已有好多發揮，若只改進物質生活，科學化、工業化、現代化，則如英、美、德、法，都已是現代化的國家，各國國情仍還是不同，此刻的蘇維埃，極端加速科學化、工業化，卻並非一般西方之現代化。又如印度、土耳其諸邦，若使他們全部科學化、工業化了，也未必一切會像英、美般的現代化。文化問題，不能專就一階層一部門着眼。我們若埋頭一意科學化、工業化，而把其他各部門、各階層、各要素全忽略了，認為只要物質階層改進，經濟人生向上，其他一切自有出路。那是一種大膽的假設，不合文化歷史情實。而且在文化體系中的其他要素，其他階層，若不能有辦法，單牘經濟工業一條線，也不會暢遂地進展。

正為今天的中國人，對文化問題沒有一較完整較明晰的認識，舊的隨便拆，新的隨便蓋，一磚一瓦地收集，一牆一壁地建造，沒有一個大圖樣，沒有一個總方案，沒有一個籠罩全局逐步興修的大計畫，因此一切精力，全零星地浪費了。我們若盼望中國將來之文化新生，我們還得統盤籌劃，從頭努力，這須是一個學術的、理智的最高認識，不是僅憑感情精力，便能勝任愉快的。

七　文化的衰老與新生

一

我在前一講裏，又牽涉到文化問題的另一論點，即文化之衰老與再生的問題。是否人類文化，也如人類生命般，必然有它的生老死滅呢？是否某一文化，經過了某一段相當時期之演進，必然要走向衰老，趨於死亡呢？

根據歷史，確然有許多民族的文化，好像是毀滅了，死亡了。在第一次世界大戰前後，德國哲學家斯賓格勒，他寫了西方之沒落一部書，發揮他對人類文化之「悲觀論」，認為人類文化，也如個人生命般，不可逃避生老死滅之自然順序。但這裏有一個客觀的歷史事實，即中國文化確已緜延了四千年，直到今天，依然還存在，這顯然與斯賓格勒的論調正相反。若說中國文化早已死滅，這一點，我們實不能承認。若說中國文化已趨衰老，這「衰老」二字，也嫌太顢頇。究竟指的那幾種徵象，而說它衰老呢？

有人常說「民族衰老」的一句話，這亦是一個模糊不清楚的概念。世界上任何一民族，其進入歷史文化階層有先後，但並不即是它民族生命之長短。在希臘、羅馬時代，歐洲北部，早已有日爾曼人，他們在樹林裏過着距離人類文化歷史路程較遠的原始野蠻生活。他們只是進入文化歷史的時期較在後，並不即是他們的民族生命較尚新。非洲的黑人，南洋的棕色人，論其歷史生命亦並不短，論其文化生命，至今尚未能躍登世界舞壇，有所表現。你說他們的民族生命是新是老呢？若認民族由文化之陶冶而成，故進入文化境界較後的，便是民族生命較為短淺的，則文化壽命本身有長短，這是文化的本質問題，並不能說一切文化都是齊頭並長，久演的便是老、是衰；淺演的便是新、是壯。路旁的蒲公英開久了，不就是年輕；深山中的柏樹，經歷了幾百年，不就是年老。

文化生命，究和自然生物的生命不同。個人生命屬於自然界，民族文化生命則屬於人文界。人文世界固亦從自然世界演出，不能脫離自然界而存在，但它已超越了自然界，不能把文化生命與自然生命一概比論。自然律並不能完全限制人文律。個人生命不能無限展延，但民族生命則已遠超過自然生命，不能也說它定有一時間性的限度。即謂在理論上必有此一限度，但此一限度亦可無限展長，像中國便是一好例。

只要文化生命持續，民族生命亦可相隨持續。人類文化發展到第三階層，已進入心世界，心世界縱然不能脫離物世界，但心世界實已超越物世界而表現。一個生物界的人，壽命甚短；一個文化理念界的人，壽命可甚長。孔子、耶穌的自然生命，早已不存在，孔子、耶穌在人類理念中的文化生命，至今仍存在。將來只要有人類存在，只要有文化存在，此種理念人格亦仍必存在。

希臘文化因其早熟，羅馬文化因其半途凝結，而不幸相率早夭，當時的希臘人、羅馬人，在歷史上變質了、消失了。但希臘、羅馬文化之菁華，仍可為別種民族吸收融化，而保留常存。今天只要西洋文化存在，不能說希臘、羅馬文化已歸消滅，如是則文化生命之持續性，更比民族生命為悠久。

近代西洋文化，因有科學上之種種發明，而開放出異樣燦爛的花朵。即就最悲觀的文化理論出發，亦不能說此後因近代文化內部自身犯了許多病，而連帶引致此一種新科學精神之相隨消失。文化病大都出在整個文化體系中，各部門配搭之不妥當、不健全，失卻平衡協調。只要把此各部門重加調整，即可獲得文化體系之再度完整、再度新生。此層即就西洋文化史看，已足證明。故說每一文化，必然要衰老死亡，此說未免太悲觀。

二

中國傳統文化，因其三階層遞升發展之合於正軌，因其七要素配搭之比較妥貼，因此其持續性最強最大。更要的，中國文化是內傾型的。我在講「文化兩類型」中，已經指出此一類型文化之基本觀點之比較合理處。現在再就世界人類文化歷史之各方演進，再一申述。

文化即是人生，而人生所賴，最基本的還在「農業」。因此世界最古文化發源地，如埃及、巴比侖、印度、中國，都是平原河流灌溉區域裏的農業文化。農業文化之缺點，主要的是安而不強，足而不富，和平是其長處，軟弱是其短處。「小型農區」：第一是發展易達飽和點，農耕區域達到飽和點，即失卻其前進之機會。埃及、巴比侖，都是小型農區，達到飽和點後，其文化精神即難繼續上升。於是便積漸腐潰。第二是小型農區力量薄弱，不夠抵禦四鄰外圍游牧民族之武裝侵略。巴比侖、埃及，都在此上夭折了。印度則氣候太熱，生物豐盛，生產太易，便也從第一階層滑進到第三階層，在其整個的文化體系中，屬於第二階層之過渡階層，也並沒有建立起健全的基礎。在印度，宗教、文學、藝術都有很高成就，而政治低能，也和希臘、希伯來同樣犯了一個軟腰病，他們的病源不同，病徵則一。

只有中國，是一個「大型農區」：它何啻包括好幾十條尼羅河與底格里斯、幼發拉底河，何啻包括好幾十個埃及與巴比侖。而且它地處北溫帶，氣候比較寒冷，生產比較艱難。若論產生文化的自然條件，較之埃及、巴比侖、印度，可謂得天獨厚。然正因此故，中國文化之果實，卻結得最堅實，最滿足。中國文化，至少經歷了兩千年的長期演進，直到春秋、戰國時代，漸臻成熟。那時摶成一大民族與大國家的文化條件，才開始完備。但那時埃及、巴比侖早已夭亡。待到西方希臘文化消散，正是中國秦漢大一統局面完成，中國文化的全部機構，與全部組織，才開始確立。

因為中國疆域遼闊，土地廣大，黃河、長江、淮水、濟水、漢水、珠江、遼河、黑龍江、瀾滄江，一條水又是一條水，一個水系又是一個水系，最先的文化核心，只在幾條小河流幾個小水系上面，孕育長成。此後逐步擴展，逐步凝結，不知經歷多少努力，多少奮鬥，費卻多少心血，增長多少經驗，繇歷着兩千年的長時期，不斷有新刺激，不斷有新進展，不讓它停頓壅鬱，亦不讓它輕易升騰，按部就班，腳踏實地。「充實光輝之謂大，大而化之之謂聖，聖而不可知之之謂神」，這幾句話，也可把來描述中國的文化人格。

中國一到秦漢時代，全部文化體系之大方案、大圖樣、大間架，開始確立。那時中國文化已有堅實的內力，因此可以抵得住外面匈奴蠻族之武力侵犯。羅馬帝國之建立，是純武力的向外征服。中國秦漢大一統，是兩千年來醞釀成熟的全部文化圖案之具體實現。因此羅馬帝國基礎不穩固，羅馬人的心思聰明智慧，全集中消耗在如何維持他們的帝國。永遠閉塞在政治、法律、軍事、財富、鬥爭、組織、文化第一、第二階層上，始終透不到第三階層去。一到北方蠻族入侵，便土崩瓦解，無法收拾。中國秦漢大一統，基址穩固，這是一文化凝成的民族國家，精神貫徹到全國的大疆境。此後雖有五胡亂華，印度佛教傳入，但中國傳統文化之大方案、大圖樣、大間架，依然保存。只加一番提撕、調整和充實，即有隋唐文化之再生。外面力量轉不過這一個大體系之內在精神，終於為此一大體系所吸納而融化。在此大圖案中，小小破壞，小小修訂，小小潤飾，還是這一個大圖案。此後經歷安史之亂，遼、金、元內侵，宋明文化，一樣能撐持，能再獲新生。實在還是這一個圖案，還是這一個間架，不過是繼續提撕，繼續調整，繼續充實。

現代中國人，有些看了斯賓格勒的文化理論，認為中國文化已經閱歷了幾次的循環，好像秦漢時代的傳統文化已毀滅，隋唐又是一新循環，一新文化。這並沒有把握到中國文化史內裏之眞精神與眞面目。中國文化之傳統內傾性，及其三階層之循次遞升，七要素之相互配搭之基本精神，秦漢以來兩千年，全未動搖，依然健在。這是中國文化體系最穩健最堅實的具體的歷史證明。

三

「農業」是人類最基本、最主要、最正常的生業，以前如此，以後仍將如此。因此「農業文化」，亦將是人類文化中最基本、最主要、最正常的文化。而此一文化，先天的有其弱症。

在古代，易於受游牧文化之蹂躪；在近代，則易於為商業文化所摧毀。近代的商業文化，即等於一種新的游牧文化，此層在斯賓格勒的書裏早說過。

而中國文化，則是世界各地區、各民族農業文化中發展得最悠久的，因此也是最完成、最標準的。它在已往歷史上，已經歷受好幾次游牧文化之侵凌，而終於屹立存在。

現在則又須受一番新歷練、新試驗，看其能否抵得住現代商業文化猶如新游牧文化之侵凌而依然完好，依然持續。

這一歷練，這一試驗，則全看其能否再提撕、再調整、再充實，而決非中國文化全部要不得，決非只有全盤西化是它的出路，亦決非專在物質生產科學工業化上着想，便能勝任而愉快。

此幾點，都在前面說到。然則最近將來的中國文化新生，究將走何道路？此刻亦該順便一說。惟我此刻所說，將仍在文化大原則上提示幾條綱領，幾項概念，至於種種具體現實問題，則有待於此種原則綱領與概念之確立後之隨宜引申，隨宜演繹。既非個人智力之所及，亦非本演講範圍以內事。

四

上面說過，中國文化是以「道德精神」為其最高領導的一種文化。由道德精神具體落實到政治。這一種政治，亦該是道德性的政治。再由政治控制領導着經濟。這一種經濟，亦該是道德性的經濟。至於文學藝術，莫不皆然，其最高領導者，還是道德精神。

中國文化之最弱點，則在宗教與科學。中國亦有宗教，然宗教地位仍受道德精神之支配。如祭祖宗、祭聖賢、祭各地有功德之人物，乃至祭天地諸神，亦一切以頌德報功之道德意義為骨幹。中國是以道德精神來洗煉了宗教信仰，並非由宗教信仰來建立道德根據。

佛教傳入中國，在其重要的根本教義上，還是逐漸中國化，逐漸接受中國傳統道德精神之洗煉。中國人主張「人性善」，「人皆可以為堯舜」，佛教亦強調人皆有佛性，人人皆可成佛，即心即佛，而且可以立地成佛，肉身成佛。佛教又容許為祖宗薦功德，贖罪過。崇祀先聖先賢，禮拜天地諸神，各種祭祀。隋唐後之佛教，漸成為中國之佛教。中國人並非不接受宗教信仰，只其宗教信仰不得與整個文化系統之主要精神相違戾。耶穌教主人生罪惡，絕不能說人人可成耶穌，又絕不許人祭祀祖先，崇拜聖賢，遂與中國傳統文化格不相入，所以耶穌教來中國三四百年，仍難在中國風俗中流行、文化裏生根。

中國因有它自己一套的道德精神，本可不要耶穌教，而實不可不要西方之科學。但此處須特別提起者，西方科學實與西方之宗教相衝突，但亦可為中國傳統道德精神所利用。試舉例言之，天文學上發現了地繞日轉，並非日繞地轉的新智識，這對西方宗教信仰，發生根本搖動。但在中國人看，地繞日轉，還該父慈子孝；日繞地轉，一樣該父慈子孝，並不成大問題。西方生物學進化論，認為人類並不由上帝創造，此一說，在西方宗教教義上，又發生一番大搖動。但就中國人看，人由上帝創造，固該父慈子孝；人由動物變來，也該父慈子孝，仍不成大問題。此因中國人的道德理論之最後根據在人性，不在上帝。而中國人所觀察的人性演變，只就人文歷史之進展上著眼，不就未有人類以前立論。未有人類以前，根本與人性不相涉。

中國文化乃「人文本位」者，此即指其「內傾」。即就人文本位來尋求建立人文本位中之一切理論與根據。西方文化乃「自然本位」者，此即指其「外傾」，故愛從自然世界中來尋求建立人文世界之一切理論與根據。科學發明，在西方文化體系中必然要引生極大的激動，而加進中國文化體系中來，則並無妨礙與衝突。再換一面說，中國文化可以不要耶穌教，但在西方文化系統裏，卻又絕對不能不要耶穌教。

自近代科學眞理逐漸發明，耶穌教教義根本動搖，西方文化起了蝕根作用，於是西方遂有「唯心哲學」之創建。唯心哲學是想在宗教信仰搖動之後，來重新建立人類在宇宙中之新地位，否則人類墜落，將與木石萬物為伍。康德在西方哲學界之嚴正地位，與其重要貢獻即在此。然唯心哲學仍不能吸納融化近代西方科學對宇宙萬物自然眞理之種種發現，於是轉出「機械唯物論」以及「唯物辯證法」。總之是一個「唯物主義」，仍將人生地位降落，下與木石萬物為伍，此乃人類文化一大危機。

直到最近，西方物理學界探究到原子的一切功能，於是再想回頭來，建立他們根據科學最新發現後之新神學，重來創立一種經過最新科學所洗煉後之「新神學」，那是一種嶄新的「新唯心論」。然而這一新唯心論，極其推闡所至，必然仍還是宇宙心，而非人類本位之文化心。宇宙心與文化心之間，還隔萬壑千嶺，如何過接？這是西方的文化問題，本可與中國不相干。

而今天的中國人，卻誤認為要接納西方的近代科學，先需推翻中國文化傳統裏的道德精神，這一拐，可使中國現實的政治社會一切基礎，發生了一種嚴重的大創傷。

五

中庸說：「天命之謂性，率性之謂道，修道之謂教。」孟子又說：「盡心可以知性，盡性可以知天。」中庸說：「盡己之性，可以盡人之性。盡人之性，可以盡物之性。盡物之性，可以贊天地之化育。」這是中國人根據人文本位之道德精神來建立的一種「德性一元」的宇宙論。中國人總認人性皆「善」，其所以不善，則為環境不良、教導不良所引致。由此推演，又認物性亦皆善，物性之不善，亦由環境不良、教導不良所引致。所以必盡己性、盡人性，始可盡物性。為天地萬物安排一好環境，引導一好路向，天地萬物一樣能和人類合作，一樣能配合上人類文化之終極理想。

近代西方科學，正是一種盡物性的學問。天上雷電，並不專想殛擊人，只要有好環境，有好教導，循循善誘，電也可為人文界種種服務，供人類文化種種利用。此乃電之「正德」。一切物之正德，必待盡物性後乃見。西方科學，若照中國文化的傳統觀念，正該是一種「格物」「正德」之學。

西方思想是外傾型的，他們必然認為由我征服了物，所以物才為我所役使，聽我之驅遣。所以說，「智識即是權力」。中國思想是內傾型的，他們認為電性自肯發光，自肯動力，自有其善德，若其不然，我到底奈何不得它，所以說「盡物之性」。而物性還是「天命」，依然還是一自然。

西方人的另一想法，又必把自己抽開，躲避一旁，純客觀地來研究物理、研究自然，好看它一個究竟，然後我再來聽命於它，這仍是「物我對立」的。所以不是上帝「唯神」，便轉落到機械「唯物」。

中國思想則始終把捉「人文本位」作中心，在人文世界之實踐中來體認物性，善導物性，所以說「贊天地之化育」。論語說：「人能弘道，非道弘人。」這是說道由人而弘，非人由道而弘。故宋代張橫渠說：「為天地立心，為生民立命。」而人之所以能如此，則必知天心、知天命；並非由我來宰割天地，役使天地。如此則「天人一致」，人文即在自然中，自然亦即在人文中。此即中庸之所謂「道」。由道的觀念來統一自然界與人文界，我此刻稱它為「德性一元的宇宙論」。

六

人有性，物也有性。盡人之性為「人道」，盡物之性為「天道」。在西方，「人」與「物」，「天」與「人」，始終對立。唯心唯物，皆從靜定的理解上想來溝通此對立，統一此對立。

中國則把「道」的一觀念，把「人文界」與「自然界」溝通了，統一了。

「道」之大原出於「性」，性與道，根本不是靜定的死物，而是一種「動進的」，具有由此往彼之趨勢與傾向的一種過程。

「理」貴能「分析」，從死的靜定的方面看；「道」貴能「綜括」，由活的變動的方面看。

西方科學「研窮物理」，常從兩物之「關係」上看，因此常是死的、靜定的。其實西方宗教裏的上帝，亦何嘗不是超然物外靜定不動的呢？

中國文化之「研窮人性天道」，常從兩性之「感應」上看，雖亦是一種因果關係，而此種關係則常是活的、變動的，故中國人愛言「化」。要瞭解中國之所謂性，必瞭解中國之所謂化。

西方人喜言物之「質」或物之「能」，中國人喜言物之「性」與物之「化」。故西方貴言「智識」，而中國貴言「教育」，此是中西文化觀念上一甚大相異。

因此中國人之看自然，亦愛從其活的、變動的方面着限，換言之，則喜歡從物的「德性」上着眼，即從德性的觀點上來求人和物相協調、相溝通。

七

中國人又常言「性命」，性就其「內在」言，命就其「外在」言。

物各有性，物之性並不即是我之性，我便奈何不得物，也正如物奈何不得我。但宇宙間一切物，最先必從一個本源演化而來，而且它們既然同處在此一宇宙之內，而且已同處得這麼久，而且其相互間又有如此深密之關係，則其間必然有可相通處，必然有可並行不相背，並育不相害之處，此便是中國人之所謂「道」。

道之大源出於天，其實中國人所謂之「道」與「天」，正即是「自然」。自然整個是一個「善」，否則何以能並行不悖，何以能長久相處，何以能彼我相通？

至於其看像矛盾衝突處，則仍是環境不善、處置不善、教導不善。我們若能窮電之性，便懂得電之可能如此，與必然不如彼，此即是電之性或電之道，此亦由於天之命。換言之，此乃是一種自然，我奈何不得它，我只有瞭解它，把它放在一好環境裏，好好教導它，它自能不害於我，而且於我有利。

所以「盡性」之學，便是「知命」之學，也便是「知天」之學。如此則豈不人文與自然科學與宗教，在同一的觀念上，緊切聯結了，親密融和了？

但其主要關鍵，則在先盡人之性，來作一主動之核心。否則，你若不先研窮人性，請問如何來安排物，如何來指導物？

因此必先以「人文科學為主」，自然科學始有規範、始有方向、始有意義、始有價值。

西方文化之缺點，只在先從宗教與科學上來求解決人生；中國文化之長處，正在由人生問題上來建立宗教與科學。

人生問題必然最重要的是一個「道德」問題，而「道德精神」必然最重要的，是能與宗教精神科學相一致，此是中國傳統文化最主要的所謂「天人性命之學」。

我們此刻，正該把西方人的宗教科學精神，來重新提撕自己的文化大本道德精神，來重新調整、重新充實自己文化的整個體系。

中國人又說，「踐形所以盡性」，要發揮我之性，必從物質上實踐，好好完成天之命，始能盡性，始是至善。目能視，耳能聽，此是耳目之性，亦即是上天之命，此即是自然。目思明，耳思聰，你要看得清楚，聽得明白，此是「踐形」。即是從物質上實踐，乃始能盡性，乃始為人生之正道，亦即是天之正命。此是我們做人唯一要旨，亦即人生最高道德。

如是推擴言之，電燈是變相的眼睛，電話是變相的耳朵，更讓你耳聰目明了。一切科學發展，便是人格擴大，德性充實，天地萬物一體，科學愈發達，便愈接近此理想。耳聰目明，只為要幫助你實踐發揚人之性，即實踐與發揚人類文化之道德精神，而止於至善。電燈、飛機一切物質文明，也如此。格物也還是踐形，還是要止於至善。

西方人全從權力與財產上着眼，所以要說「智識即是權力」。一切近代科學，從馬克思想法，便都成為生產工具。而說生產工具決定了人生之一切。試問人生是不是專為生產而來，專為權力而來？在道德精神裏，儘可包容有生產、包容有權力。但權力與生產，決不即是道德。西方人的權力觀念與生產觀念，不僅與中國道德精神不相協，抑且與西方宗教信仰不相融。然我試問如把中國文化體系裏的道德精神再度提撕，如何安放不進西方的近代科學？如何決不能使西方近代科學在整個人類文化之理想發展前途有其更恰當的地位？

八

人生終極嚮往，是一個生命之「永生」，生命之「不朽」。但自然生命斷無永生不朽之理。上帝天國，靈魂出世，早經科學否認了。只有歷史生命、道德生命，眞可永生不朽。建築師之肉體生命，斷無不朽，而其所建築，在文化生命藝術生命中，卻可有不朽。

中國人所謂立德、立功、立言之三不朽，是在歷史文化生命中之一種道德精神之不朽。只要有五穀，中國人便崇祀一稷神，只要有土地水利，中國人便崇祀一社神。當知五穀不可能自然生成，早在自然界中加進了人類文化精神之不斷努力，而後始有此五穀。土地水利，也非自然即就如此，也必在自然中加進人類文化精神之不斷努力，而後始成其為如此之土地，如此之水利。中國人崇祀社稷，便是崇祀此一番不朽的人文精神。而此不朽的人文精神，又必然要配合落實到自然界。中國人所崇拜，乃崇拜自然與人文之合一，崇拜自然與人文之具有高度道德精神之指導之合一。育蠶必崇拜嫘祖，製藥必崇拜神農。凡屬「正德」「利用」「厚生」事，中國人皆崇拜，豈有不崇拜科學發明之理？

近代西方文化傳入中國，中國人卻不崇拜西方之科學發明，此乃中國人未能提撕發揚中國固有文化之傳統精神。而一切依照西方，則受人崇拜者，只許一耶穌，只許一上帝。但就中國固有文化之傳統精神言，耶穌之十字架精神，決然可崇拜，但非唯一可崇拜之人物，亦非唯一可崇拜之神。中國之孔子，即非一唯一可崇拜之聖。中國人心中之上帝，也與耶穌宣揚之上帝有其相異點，而非中國人心中絕不許有一上帝存在之可能。如是推闡，將來在新科學中再建立新宗教，即該是中國傳統文化裏之人文宗教，而此一宗教，也決然與近代科學不相違戾。

九

上面所說，中國傳統文化體系中最短缺者，為近代西方之科學，但非近代西方科學與中國傳統文化根本精神不相融。因此在中國傳統文化之大體系裏面，加進西方近代科學，只有更充實，斷無大矛盾。

諸位或許要問，既如此，為何中國以前不能發展出像近代西方般的科學呢？我們當知，就廣義言，中國已往亦並非沒有科學；就狹義言，西方近代科學，也只是近代西方之新發現。即在希臘、猶太、羅馬也沒有。我們不能據此認為要接受西方近代科學，必先將中國傳統文化徹底改造。

諸位或許又要問，何以中國人想接受西方近代科學，已歷相當時期，而西方科學又始終不在中國發皇滋長呢？這因最近的一百年來，或說五十年來，中國政治不上軌道，社會失卻秩序，中國文化本身內部犯了病，正如一病人不能吸收飲食滋養。你卻說，他既不能接受滋養，不如把他殺了，另造一生命罷！那豈非荒唐絕頂？

或許諸位又要懷疑，若中國能接受近代西方科學，會不會把中國傳統文化全部衝毀？此層我在前面亦已再三提及，只要中國人對自己傳統文化之最高精神，能不斷提撕，對文化各階層，能不斷調整，不斷充實，則此後中國之文化新生，決然仍將為中國傳統；而且我們也希望中國文化能融入世界文化中，而開展出世界人類之新文化。我們並不想專為中國文化抱殘守缺。我們只要把握到人類文化進展幾條大綱領、大原則，循此努力，自有前途。至於一切細節，殊無在此作具體預言之必要。

八　世界文化之遠景

上面講述了一些關於中國文化新生之遠景，我想連帶說及世界文化之新生。這兩百年來的世界，是近代西方文化所控制所領導的世界。但近代西方文化，並不可能即認為是現在或將來之世界文化。今天的世界，因科學交通之發展，實有形成一種新的世界文化之需要。但世界文化之誕生，尚非急切可待。

近代西方人，常有一種錯誤看法，他們似乎常認「文明傳播」即可轉變為「文化移殖」。更錯誤的是，他們又似乎常認為只要外面經受經濟物質條件之壓迫，即可促成其內部文化精神之轉嚮。於是逐漸形成一種文化布揚其表，經濟侵略其裏之強橫態度。

西方人憑其近代科學之突飛猛進，常抱一種文化優越、民族優越之非客觀的偏見。其實近代西方文化，如宗教、如文學、如藝術、如道德精神諸項，凡屬文化第三階層者，在彼之所能加被於其他民族者，既不深穩，亦不碩大。所謂近代西方文化廣布世界之實際情形，依然只限於經濟物質方面，依然只限於文化之第一階層。而由此方而之劇變，卻引生出整個世界其他各文化系統之內部紛擾與精神傷害。西方人並不瞭解此義，更認為即此便是世界各民族文化低劣之實證。

自經最近幾十年來，第一、第二兩次世界大戰，近代西方文化，本身病徵褛露，其領導控制世界的力量亦逐漸削弱，只要從前有歷史有文化的諸民族，都想從西方勢力的壓迫下逐漸解放，逐漸重獲自由，此如阿剌伯回教民族、印度民族皆是。此如天秤下，一面法碼減輕，即等於另一面法碼之加重。此後第三次世界大戰能否避免，此刻無法懸揣。惟無論如何，近代西方文化必須自覓新生，則已在上面說過。

西方文化之重更新生，勢必引出此兩百年來西方向外侵略帝國主義與殖民政策之轉嚮與停止。因於帝國主義與殖民政策之停止，而世界其他各民族，凡屬從前有歷史有文化傳統的，亦可回頭得一反省，得一蘇息復生之機，得再從頭自己提撕、自己調整、自己充實，各自求其文化之新生。

我們縱認為世界文化誕生之第一步驟，由於近代西方文化之控制與領導，則此一步驟，殆將過去。其第二步驟，將為世界各地域、各民族、各文化系統之得從此控制下解放出來，經此一番鞭策與警惕而各自新生。將來之新世界，將以各地之文化新生，代替以往之西方文明之傳播；再將以各地文化新生中之相互交流，代替以往西方文明傳播中之經濟磨擦。各地域、各民族之秩序與組織，將由各地域、各民族之文化新生而完成。鬥爭性的世界史，將漸轉為組織性之世界史。然後由於各地域、各民族之各得重新完成其秩序與組織，而轉進到世界之大融和。

此刻我們所想像之世界文化，則將由於此種各地域、各民族、各系統之文化新生之大融和而逐漸產生、逐漸形成。中國民族在此長期過程中，無疑的必將扮演一主要之角色，而貢獻其至大之任務。這是一個大輪廓的想像，至於具體事狀，自然非此刻人類智慧之所及。

我的講演，將暫此宣告終了，讓我們從此努力吧！至於我此番講演之粗疏籠統，則已在開始表明過，尚請諸位嚴密的指教。

附錄一　世界文化之新生

一

當前世界種種急迫困難問題，決非純粹由經濟問題所引起，亦決非能憑着國際間的外交及軍事而解決。這實是近代人類整個文化問題之癥結所在。

所謂人類文化，乃指全部人生之物質方面，及其背後引生及支撐推動此種物質生活的許多重要觀念、信仰、理論以及慾望等的精神積業而形成。

除非近代文化能有顯明急速的轉變，恐怕人類浩劫，所謂第三次世界大戰，終將不獲避免。然而縱使再經歷了一次大戰，也仍只有希望人類能因經此浩劫，而回頭對現代人類之舊文化激起其反省，由是而加速加強其文化之轉嚮與新生。

若近代人類文化不獲新生，則大戰所帶與人類者，仍將如前兩次歐洲大戰後所獲結果之空虛，而只更加其破壞與毀滅之慘烈。

二

所謂近代文化，乃完全受西歐文化之指導與支配。而此所謂西歐文化，則專指從十四世紀文藝復興以後，經歷過宗教革命、商業工業革命以來的五六百年而言。這五六百年的西歐文化，也並不與西方古代希臘、羅馬以及中古時代的文化相同。在開始，這也是人類的一段新文化，也曾帶給人類以種種幸福與光明。然而到後來，途窮路盡，這一文化，已逐漸發展到它的頂點，而開始下降，走上歧途。於是，它遂不復帶給人類以幸福，而代之以災禍；不復帶給人類以光明，而代之以黑暗。這是明白的在告訴人類，這一段文化，已到它瓜熟蒂落功成身退的時代。遠從第一次世界大戰起，便已是這一段文化將次沒落的信號。

人人都知，美、蘇兩型的對立，引起了現世界種種急迫而困難的問題。一方面是民主政治和資本主義的社會；一方面是極權政治和共產主義的社會。然而這實在並不是一個對立，這只是現代西歐文化一條不可彌縫的裂痕，這只是一個文化自身內部的破綻，這是現代西歐文化病態曝著之一體的兩面。

共產主義與極權政治，只當看作是資本主義的社會與民主政治在發展到病態曝著時的一種反動。它決不是我們所期待人類下一新文化的嫩芽。然而我們也並不能因此便認為民主政治與資本主義的社會即是近代西歐文化的正統眞傳，將仍有它欣欣向榮的前途；只待極權政治與共產主義社會的反動勢力，一旦毀滅，則這一個文化傳統還會繼續發展逐步向前。

當知苟非民主政治與資本主義社會自身犯了不可醫的病痛，也不會有反動勢力之產生。既是反動勢力產生了，而且德意之後繼以蘇俄，反動勢力已是一再的產生，這正揭示我們以民主政治與資本主義社會的內在病痛之最堅強最眞實的證據。因此發展到今天的民主政治與資本主義的社會，我們只能認它是近代文化病之這一面；而極權政治與共產主義的社會，則是由這一面而引生的近代文化病之那一面。二者之間，只有正反的不同，而同是一病。譬如發冷發熱。未病之先，不發冷，也不發熱；病退之後，不發冷，同樣也不發熱。

近代西歐文化裏的民主政治與資本主義社會，縱說它是近代文化之正統，然而發展到現階段，確已顯出病象。熱度過高，因而激起相反的寒冷與顫抖，這即是今日蘇俄領導下的極權政治與共產主義。在一個文化系統之下，分裂出這樣對立的兩型，不是病象是什麼？

我們若抱此觀念，自知人類前途，苟非改絃易轍，另尋一文化之新生，而單靠戰爭，祈求這一方打勝那一方，將仍不是問題的解決。若使單靠戰爭可以解決問題，則第一次世界大戰之後，也不會有第二次，自然更不該有第三次。

三

現在讓我們再問，何以這五六百年來的西歐文化，會走上這一條自相分裂，自相衝突，而不可彌縫，不可和解的絕路？這該遠從近代西歐文化之正統的內在精神方面去探究。

在中古時期的西方文化，是一個基督教的文化。基督教文化的獨特精神，是把一個世界嚴格地劃分成兩個：

一個是地面的，現實的人世界。

一個是天上的，理想的神世界。

現實的人世界，是有限的、物質的；理想的神世界，是無限的、精神的。經過「文藝復興」運動之後，把中古偏向神世界的無限精神轉向到實際人生，這便是所謂「由靈返肉」。從此現代人遂始看重了現實的肉體人生，這是近代西歐文化較之中古時期的一個大轉變。

然而中古時代的那種向無限界追求覓取的精神，則並未放棄，並未脫捨。換言之，近代西方只把中古時期向天國靈界的無限追求，轉一方向，而對着肉體的現實人生來尋索、來爭取。這是領導與支配近代世界文化的一個最獨特的面貌，一種最主要的精神，我們將把握此點來說明近代文化之長處及其缺點。

第一：是近代西方的「科學精神」。

近代西方人，並不認為自然科學只是一種純眞理的探究。當知近代科學之產生實由近代西方之「入世」思潮，即上文所謂由靈返肉之一運動而鼓起。培根的理論，人所皆知。笛卡爾的方法論，也謂「吾人當改變思辨哲學為實用哲學，使大自然以及吾人四周之物體，皆為吾用，指揮自如，儼然宇宙之主宰」。這在告訴我們中古時期的宇宙主宰是上帝，近代文化觀念中之宇宙主宰，則屬人類之自身。

近代科學，若照笛卡爾的說話，儘不妨說它即是人類的一種「實用哲學」。近代科學精神脫離不了「實用」，因此也脫離不了「權力」。此即尼采所謂「爭強之意志」。人類尋求知識，只在藉以實施對外統制的權力。因此尼采又說，「一切科學家挾有相當的超世精神」。此所謂「超世精神」，並不與中古時期基督教文化之超世精神相類。

中古時期之超世精神，是人類憑藉上帝而超出其自身之現實界。近代的超世精神，則人類憑藉自己的科學知識而超出一切外面的現實界之束縛與統制。自然科學用來實現人類權力之無限伸張。

近代西方的科學精神，依然脫不了古希臘人的格言，所謂「知識即權力」，而要求這一種權力之無限伸張，則是近代文化一特徵。科學則是一種極精妙的實用哲學，用來實現這一種權力意志之無限伸張。

第二：說到「個人自由」。

近代文化，由靈歸肉，從此便轉入「個人主義」。然而肉體的個人生命是現實的、有限的，而近代文化則認之為無限。這正因近代文化並不能完全脫離中古時期之傳統，只把中古時期對無限神界的追求轉向，而這一種無限追求的精神，則依然存在。

這一種「無限」追求的精神，轉落在實際人生上，便成為上文所說的「權力意志」。但現實人生既屬有限，而對此追求的權力意志卻仍無限。在有限的人世界裏來作無限的追求，終將永遠感到苦痛，永遠感到束縛，於是將永遠的「要求自由」。

「自由」的本質，無限無極。這本是在天國神界裏的理想，現在要在有限的地面人界中求實現。這又是近代文化一特徵。

第三：說到「民主政治」。

要求「個人自由」是近代民主政治的精神淵泉。穆勒的自由論，主張「個人自由以不侵犯別人自由為限界」。這是一句不切實際的空想話。每一個人的自由，必然不能不牽連侵涉到另一個人。若眞要不侵犯別人的自由，則根本將無個我自由可言。因此近代西方的民主政治，又必然以「法治」為歸趨。

用法律來規定人類相互自由之限際；然而法律永遠追不上實際人生不斷的變化。民主政治的毛病，便出在這裏。人人都在無限伸展他自由的權力意志，只把人與人間公定公認的一些法律來規範自由的際限，這是龜兔賽跑，永遠的趕不上。因此法律決不能算是民主政治最根本的基礎。

民主政治的最高法律，則為少數服從多數。一手一票，便是代表那個權力意志，而一切個人的權力意志，則全該自由，全屬平等，於是取捨從違，只有就多數少數的「分量」比較來判決。這一法律，就內容論，是最變動的；就形式論，又是最固定的。這是民主政治的基本大法，亦可說是民主政治的基本精神。

何以多數必然是是的呢？則仍必回復到尊重個人的自由意志上。因此近代西方的民主政治，其最後精神，只是一個「尊重個人權力意志的自由伸舒」的精神。若把握到這一點，則將無怪乎極權政治之接踵繼起。極權政治的精神基礎，同樣地建築在尊重個人的權力意志之自由伸舒上。

若就純精神表現而論，民主政治的個人權力意志之自由是不徹底的，極權政治的個人權力意志之自由伸舒，卻在某一個人的身上，集中地象徵化，而滿足地表現了。我們若說民主政治的個人自由之獲得與表出，是理智的、科學的；則極權政治的個人自由之獲得與表出，是情感的、宗教的。人人各獻出其自由意志，而集中在一個人身上象徵地十分滿足地表達出來，這是一種宗教情緒。

在近代西方哲學界，早有一大批學者，像黑格爾、尼采之流，為這一境界預先安排下一番打先鋒的理論。

第四：再說到「資本主義」。

近代西歐文化中資本主義之形成與發展，也還是一種要求個人權力意志自由地無限伸舒之精神的表現。近代西方文化，由靈返肉，把中古時期朝向天國神界的熱忱，轉移到現實人生界，於是一切的興趣與注意力，不對向上帝與天國，而對向草木、禽獸、山川、土石，一切自然界，由此而有近代科學探索之無限向前。一方面也可對向更切實的人生業務而前進，而又有近代科學之實際效用從旁為之服務，於是這一種無限向前的純精神之活動，遂成為近代所謂「企業精神」，而由此遂形成了現代資本主義社會的怪狀。

然而資本主義社會之形成，勢必侵犯到別人的權力意志之無限伸舒的自由。若說資本家並沒有侵犯到無產大眾之自由，但至少會與眞正的尊重個人自由背道而馳。何以近代西方文化，一面尊重個人自由，一面又容許此資本主義的怪物繼續壯大呢？這正如上文分析過的極權政治一樣。當知集中地在一個人身上象徵地無限伸舒其個人的權力意志之自由，也可同樣滿足大家對於此種精神嚮往之情緒。同時又有社會既成法律來為之作辯護。正因為這種既成法律而始醞釀出資本主義，資本主義回頭來擁護這一種法律，這裏面互為因果，也恰如上文所分析，現社會的一切法律，本不足以代表人類不能搖動之眞理，而只隨着臨時各個人的權力意志而轉動。

於是共產主義者看準此弱點，提出「階級鬥爭」的理論，提出「團結即是力量」的口號，來為在資本主義社會下，某一部分未獲個人權力意志自由無限伸展而感到不滿足的人們，指示一出路，指示一用力鬥爭的對象。這一部分人則寧願交出他們目前可能有的很少量的自由，來希圖獲取將來可能有的更大量的自由。

於是我們知道，在民主政治下之有資本主義的社會，正如在共產主義社會下之有極權政治。尋根究柢，同樣在追求個人權力意志之自由的無限伸舒而形成。只因處境不同，於是採用之方式亦不同。只要「資本主義」的社會一日存在，在近代文化精神之指導與支配下，決然的要產生「共產主義」。既要產生共產主義，必然的要產生「極權政治」。這樣一顛一倒，其實則是同一精神在背後作操縱。因此只要資本主義的社會眞個推翻，在近代文化精神之指導與支配之下，共產主義也決然的將同歸消失。

但到那時，個人權力意志自由的無限伸舒之要求，仍將在此有限的現實人生界裏作祟。除非這五六百年來的近代文化有一徹底的轉嚮與改變，糾紛的人生問題將永難得一合理的解決。

四

讓我們改從近代西歐的學術思想方面來稍說幾句，作為上列觀點之旁證。

馬克思的「共產主義」與「唯物史觀」，在西歐較近正統的學者看來，常認為是左道旁門的。然而與馬克思唯物史觀的理論同時出世的，不是又有達爾文「生物進化論」的發現嗎？就科學證據言，人類斷非上帝創造，而實由人猿一類的動物所演化而來，這是無可懷疑的。

然而跟隨着達爾文的發現，卻不免疎忽了另一絕大的漏洞。當知五十萬年以前的原人，固然確由類人猿演化而來，但今天的人類，則已與五十萬年以前的原人不同，這其間已有絕大的差別；這一個差別，乃由人類自身所創造的文化所引致。不幸而近代的西方科學家太偏重自然，並沒有注意到人文科學的建立，因此遂把「人類」二字籠統包括了五十萬年的長時期。只注重「自然」，而抹殺了「人文」，這是近代西歐文化一大缺陷。

這一缺陷，表現在「心理學」的研究上。一輩心理學家，喜歡把動物心理來推究人類心理，來推斷經歷了五十萬年長時期文化演進以後的人類心理。巴夫羅夫的工作，及其創興的「制約反應說」，即是一個最好例證。在自然科學立場來講，決不能說他的實驗，有什麼不是。然而從人文科學的立場來講，他的實驗，並不能說有甚大的貢獻。但西歐的學術思想界，實在有此上述的一種趨勢。在這一趨勢之下，無怪馬克思的「唯物史觀」終於要見稱為「科學的歷史觀」，而居然博得大批的信徒。

今若論究人類之所以異於其他動物者，即就生物學講，不僅在它有了兩隻「手」，而且也因它有了一張「嘴」。手能製造工具，嘴則能說話。由有能製造器具的兩隻手，而一切外面的自然物可轉為我用；因有能講話的一張嘴，而人類彼我間的一切情感、思想、記憶，可以暢快交換，互相傳達。又因有口與手之合作，而產生「文字」，由文字而產生自己心上的新觀念，保留舊記憶，在人類內心方面，從此起着絕大的變化。這是人類文化演進所由與其他動物不同的一個最大憑藉。

由此而人類遂由現實的有限的「肉體人生」，而走進了理想的無限的「精神人生」。但也因為人類有了文字，有了精神文化，而始產生出「宗教與上帝觀念」。若使人類沒有一張能說話的嘴，縱使有兩隻手，縱使能創出無限無盡的生產工具，但卻決然生不出上帝觀念來。無論這一個上帝觀念，在自然科學中能否有它客觀眞實的存在，但在人文科學中，即歷史科學中，則已有人類歷史本身為證，它已是絕對存在，斷無疑義的。

但人類何以忽然能產出此一上帝觀念？則決非專一注意人類的兩隻手及一切生產工具的唯物史觀者所能解釋。同時也決非達爾文一派的生物進化論乃至追隨自然科學的道路與生物學的立場的一輩心理學家，如巴夫羅夫輩，所能回答的。

上面所述，只求指出近代西歐文化不免有偏傾自然，忽略人文的毛病。這是近代西歐文化在本質上易犯的毛病，卻不能專怪馬克思。

但中古時期的上帝觀念，也有引領人類，走上要求脫捨現實人生，而向另一個不可捉摸的世界而無限追尋的差失。不幸而近代的西歐文化，雖經文藝復興與宗教革命種種絕大波瀾，卻仍脫不了引導人生脫離現實，而走向一條無限追尋的渺茫的路。所謂「科學智識之征服自然」，以及「個人自由之無限伸舒」，在它的開端，確曾對人類社會帶來了許多幸福與光明，然這在基督教文化的開始，也何嘗不曾帶給人類以許多幸福與光明呢？

只要一條偏差的路走得遠了，總要病害百出。上述的民主與極權，資本與共產的兩型對立，一樣是一個「無限向前」的精神觀念在作弄、在驅遣。若照這一個歷史看法來論，則人類目前所要祈嚮的新文化，其主要觀念，當然將不仍是個人自由與資本主義，同時自然更不是階級鬥爭與唯物史觀。但也不是再請出上帝觀念來回向中古。

五

說到這裏，有我們特須注意的一點。現代世界文化，固然由此五六百年來的歐西文化作領導，但人類文化並不只是此一支。除卻歐西文化之外，大體說來，還有回教文化、印度文化與中國文化之三型。這三種文化，雖然輪不到有領導與支配近代世界文化之光榮，但近代世界文化之病態襮著，在這三支文化線上卻也沒有形成。上文所謂民主與極權之對立，資本主義與共產主義之對立，也只在西歐文化傳統的幾個國家裏產生，只在西歐文化傳統走上絕路時，才始有此種難和解的對立。

若照現代文化觀點論，印、回、中國三大文化系統，全是落後的，它們並不能像近代西歐文化般帶給人們以近代西歐的那種幸福與光明，卻也並不曾帶給人們以近代西歐的那種災禍與黑暗。在此三支文化系統裏，是不幸而沒有追上像西歐般的近代文化，卻也幸而沒有追上像西歐般的近代文化。

更深一層言之，只要在他們的內心，沒有學到那種對於個人權力意志無限向前的自由之要求，則他們將永學不到像近代西歐文化系統裏的民主政治，同時也永學不到像他們的極權政治；他們將永學不到像近代西歐文化系統裏的資本主義，也將永學不到像他們的共產主義。再換言之，這三支落後文化將來的新出路，自然也不是「究竟將走向民主自由與資本主義呢？抑將走向極權政治與共產主義呢？」這一個陳舊的空套子。

有些人卻說，我們將走向「民主自由政治的共產社會主義」。這也是不懂得人類文化演進的眞精神的一種空想。若果你沒有近代西歐那種對於個人權力意志無限向前的自由的要求，民主政治將是假的，共產主義也將是假的。字面上的拼湊，譬如說一個圓形的三角，這那裏是產生人類新文化的一條眞實路徑呢？

六

我們若放寬眼光來衡量全局，則目前的世界問題，不僅有上述美、蘇兩型之對立，而較更深刻廣大的，還有「中、西」「新、舊」文化之對立。更顯明更主要的，則為「中國文化」與「西歐文化」之對立。我們批判此兩種文化之異同及其所含價值之高低，應該特別注重在其最根本的發動點上的幾個核心觀念，而隨帶及其所能引生之種種發展與推演。

近代西方文化，如上論列：

一種是源自中古的宗教精神之「向無限界的追求」。

一種是文藝復興運動以後之「個人自由主義」。

一種是智識權力之征服四圍與主宰一切之「科學精神」。

而這三種核心觀念，恰恰為中國傳統文化之所缺。

第一：中國一向沒有熱烈深厚的宗教情緒，一向不瞭解超越現實人生而向另一精神界作無限前進之追求。

第二：正因中國沒有強烈的宗教情緒，相隨的，也沒有像近代西歐般所謂由靈返肉的文藝復興。

中國人一向看不起個人的、肉體的、有限的現實人生。中國傳統文化之特殊精神，決非宗教性的，而係「歷史性」的。中國人心中之現實人生，乃是經歷長時期的歷史人生，而非個人自由與當前的肉體生活。

第三：中國傳統文化，既缺乏了無限向前的精神，又不重視個人現實生活之自由伸舒，因此也沒有堅強的權力意志，也遂不想獲得征服四圍與主宰一切的確切智識。因此在中國文化傳統裏，也遂不能發展出像近代西方般之科學精神。

七

讓我們再來粗略地指出近代西歐文化，從它們幾個核心觀念所引生的幾派思想與理論之分別的系列。

第一：像康德哲學中之純粹理性批判，發揮人類道德之無上命令與先天義務。像黑格爾的歷史哲學，指示出客觀精神發展向前之必然性的辯證法。像叔本華之生活意志與悲觀哲學，以及尼采之權力意志與超人哲學。此一系列，乃近代西方哲學思想中屬於「形而上學」的一面。探究其淵源所自，實從中古時期對天國神界之無限嚮往而移步換形，降落到人類自身現實生活中來的理論之第一系列。

第二：像盧騷的「天賦人權說」，強調自始以來的個人自由之民約論，而推演出近代民主政治中的平等精神。像達爾文的「生物進化論」，把人類地位拉近其他的生物行列，而同類齊觀。像馬克思專主生產工具與階級鬥爭的「唯物史觀」，把人類文化演進，全部側重在自然界生物競爭一觀念之下的單調的文化觀。像克魯泡特金的「互助論」，雖若針對達爾文的生存競爭而立說，但他的互助只是鬥爭之變相，同樣是一種生存競爭的手段，同樣把人類文化演進與生物進化在一條線上推演。這是近代西歐思想從宗教觀念轉移到人文觀念上來的第二系列，這是文藝復興由靈返肉的精神之「走向歷史追溯」，而求得一種理論上的根據之一系列。可惜這一系列，全偏在自然與原始方面，沒有眞實地在人類長期歷史文化的本身上致力研尋。

第三：則是援用近代自然科學之精神與方法，而故意要創造出一種「無靈魂的心理學」，於是產生出生物的、生理的、原始人的、本能的心理學，而忽略了歷史的、文化的、人文心理學。這是由靈返肉，把人類從上帝天國拖歸自然生物界的又一系列。

第四：則為尋求知識的入世精神，與功利觀念，而產生出近代文化中的科學精神，如培根、如笛卡爾。由此以下，提倡有裨人生的追求，征服四圍與主宰一切的，以科學知識的最後價值為不在獲得純粹眞理，而在獲得權力，以眞理為權力之票面價格的，這又是近代文化由靈返肉，把向上帝天國的那種無限追求，轉落到個人肉體的現實生活上，而形成了一種「個人權力意志的無限向前的自由要求」。於是迫得要在有限的自然和現實人生界，用科學智識來打開一條通路的思想之又一系列。

第五：則是由自然科學之發展，到達十九世紀而形成一種盛極一時的「唯物哲學」。這恰與第一系列，遙遙相對。唯心唯物，同樣逃避在超現實的形而上學的圈子裏，不過唯心論想把上帝來精神化，而唯物論則老實不客氣地竟把自然物質來代替了上帝。

上述思想五系列，大體可以包括近代西歐文化之幾條主要理論，和幾點主要信仰，而歸納緊湊在三個核心勢力上：一是由宗教情緒轉變來的一種內心精神之無限追求。一是以肉體生活為主的個人自由。二者併成為近代文化作中心柱石的權力意志，而以科學知識為其運用之主要工具。我們不妨稱之為「宗教的」、「人生的」、「科學的」，三位一體。而近代西歐文化之最大缺陷，則在其第二核心勢力之所謂「人生」，卻偏重在個人的肉體的現世人生，而忽略了歷史的、羣體的、文化的長期積累的「精神人生」。但此處所謂「精神」，與西歐思想裏超越人生屬於形而上學的哲學思辨所證成的精神不同。近代西歐文化正因為在這一點上的缺陷，遂使宗教與科學，也不得一個恰好的安排，而上述五大系列的思想之不免偏差處，也全從這一缺陷而引起。而對於這一點即看重「歷史文化羣體長期人生」之一點，則恰恰正是東方中國文化所專有之特長。

八

本來，文藝復興未嘗不可走上對歷史文化的認識之路。然而論到近代西歐文化之主要創造者，則必首推北方的日耳曼民族。

由日耳曼民族來看希臘、羅馬史，顯然不是內生的而是「外在」的。上帝、歷史和自然，同樣的是外在。希臘、羅馬以來歷史文化之演進，並不是日耳曼民族自身內在親歷之經驗，而只成為對他們是一種超越自身的客觀的自然存在，由此，歷史文化只成為一種外來智識，而可資他們一時利用的某一種工具。於是人類的歷史文化，也變成一種自然的、唯物的、功利的。

上帝觀念已與自然科學不相容，人類自身的歷史文化，卻又降落而變質成為一種外在的自然。於是近代西歐文化，若非走入唯物論，把人類本身也浸沒入自然物質中去，則只有個人肉體現實生活之原始強烈要求。這正為日耳曼新興民族所內心眞實經驗者，遂成為近代西歐文化之一切主要源泉。

我們若根據這一觀點，來看西方最近興起的斯拉夫民族，無怪在他們眼光中，來看近代這五六百年來的西歐歷史文化，也一樣對他們是外在的，一樣成為一種「非我的」自然存在，則他們之採用馬克思唯物史觀，來試求推翻西歐近五六百年來的歷史文化傳統，實毫不足異。而在他們今日之處境，則只有採用集體的階級鬥爭，較之採用陳舊的個人自由，更為有效、更為有力，亦復顯然而易見。

而他們卻不曉得，在他們內心深處，依然有他們在近代西歐文化中所浸染已深已久的那種權力意志的無限向前無限伸展的要求，在操縱、在指使。因此共產主義終必表現出一種權力的向外的鬥爭的特性，也就一樣的容易明白了。

九

我們再回頭來看東方中國文化。它既不是宗教的，又不是自然科學的，亦不是個人主義之肉體的現實生活的。成為現代領導世界文化之三柱石，在中國舊文化裏一樣也沒有。然而這不是中國人沒有文化。中國文化則正是側重在歷史的、羣體的、文化的、人類生活本身之「內在經驗的」。西歐現代文化，要求把個人的無限追求打進有限的自然界和現實人生，這必然要成為悲劇的歸趨。中國文化則把歷史文化認作無限。只求在有限的個人生活中來表現那無限。

穆勒說，「個人自由應以不侵犯別人自由為限界」，若用中國觀念來糾正，應該說：「個人只有在投入歷史文化羣體的長期人生之動進的大道中，而始獲得其自由。離卻羣體長期人生之大道的動進，別無個人自由可言。」因此智識只在獲得眞理，而不在獲得權力。只有「眞理始是權力」。而此眞理，不在上帝，也不在自然物質界，只在此羣體長期人生之動進大道中。但這一個羣體長期人生之動進大道中的人生自身，還是一個自然。

因此只有在不違背整個自然界之眞理中，求獲得人類自身之眞理。只有在不違背整個自然界動進之大道中，來獲得人類自身之大道。如此則歷史文化觀念，可與物質自然觀念相融通、相協調。這一種融通協調，是整個宇宙與羣體長期人生之協調，再從此與整個宇宙相協調之羣體長期人生中，來領導個人現實生活之趨嚮，而指示其規律。這是東方文化精神，這是東方人的宗教信仰，這是東方人的人生觀，這是東方人的人文科學精神。這是在另幾種核心觀念，另幾個思想系列中，經過長期演進而形成的東方中國之特有文化。

十

西方人不瞭解東方，也不瞭解自己，以為只要全世界各地都能接受他們的一套個人自由或階級鬥爭，便可世界大同天下一家。而實際則仍是西方人自己更深的一套權力意志之無限伸展的內心要求在後面操縱，這就造成了現代世界不少的悲劇。

今天的東方人不瞭解西方，同時也不瞭解自己，以為只要在外皮形式上便可學到西方的那一套個人自由或階級鬥爭，而追上了西方，而不知其後果則只在自己內部徒增紛擾，這又造成了現代世界不少的悲劇。

但近代西歐文化裏那套崇尚權力的向外鬥爭的粗淺意識，則終於為東方人所接受、所追隨，而東方人自己傳統文化之本質與近代西歐文化之相互衝突之點，卻不斷地在東方人不自覺的意識中，暗暗反抗，因此增強了東方對西方之敵意，而在外面又披上了個人自由與階級鬥爭的權力的向外鬥爭的偽裝，作為東方學步西方之必然路程，這更為現代世界造成了不少更深更重的悲劇。

因此擺在現代世界人類面前的最要大問題，是在如何各自作文化反省的工夫，如何相互作文化瞭解的工夫，如何合力作文化調協與文化新生的工夫。

我們不要認為近代領導世界的西歐五六百年來的傳統文化，還在欣欣向榮，繼長增高。我們不要認為只有個人自由或階級鬥爭，才始是人類文化當前惟一的出路。我們不要認為用在戰爭上的原子彈以及用在生產上的原子能，便可解決一切人類問題，不要認為只有自然科學是指導人類全部文化前進的唯一指南針。我們不要認為人類文化將能回復到西方中古時期的基督教精神，而期望其成為起死回生之神藥。我們也不要認為東方文化早已落後，它所內含的一切觀念，它所蘊蓄的幾點核心思想，將永為未來人類所遺棄，而不復再生。古希臘人的幾個觀點，豈不已在十四世紀以後的近代歐洲復活嗎？

十一

但是下一期的世界文化之新生，將是怎樣一個間架，怎樣一番面目呢？在今天的我們，無法加以具體的描摹。今天我們所能言者，最近的將來，世界人類必然將有一個文化的新生，必然將重來一次新的文藝復興。

讓我們姑作一個假說，根據中國人的立場與目光而姑為之假說。以前是由靈返肉；以後可能是「由力返理」。以前是宗教的、精神上的無限追求，個人權力意志的無限伸展，自然科學向外的無限征服；以後可能是「歷史的」、「文化的」、「人文科學的」、「天人合一的」長期人生與整個宇宙的「協調」動進。

只要人類內心能轉換著他們最核心的幾個觀念，幾條信仰，幾種理論與欲望，人類文化不期然而然的能走上一條全新的道路。到那時，個人自由與階級鬥爭的對立，自然將無形消散。宗教與自然科學的對立，也自然將各就部位，各對人類新創的人文本位的新文化而繼續發展它們應有而能盡的功效。到那時，東西文化各將超越它自己傳統，而協調成一種世界的新文化。

然而茲事體大，目前世界人類的文化病已到急切爆發，不可救藥的危急當口。而我們在此時期，提出此一觀點、此一理論，雖若緩不濟急，雖若迂遠不切事情，然對人類文化前途，總該有它應有的貢獻。尤其在中國人立場，它正當東西對立、美蘇對立的文化動盪的大時代的十字路口的衝要之點，實該有它更艱鉅更偉大的任務。則在它徬徨無主莫適所從的苦悶心情中，像這樣一個想像的遠景之提供，似乎應該是更值得的。

（一九五〇年八月民主評論二卷四期）

二 人類新文化與新科學

一

這幾十年來，世界人類經歷兩次大戰，又接連着第三次大戰之似乎不可避免之威脅。若我們認為這是當前人類文化本身內部所犯偏差與病痛之瀑露，與其應有的必然之後果，則最近將來，我們應該希望有一種人類「新文化」之出現。

近兩百年來的世界文化，我們此刻不妨稱之為「舊文化」。此種舊文化，較之人類以前之更舊文化言，亦即是一種新文化。此種新文化，即我們目前之文化，在不遠將來便將被目為舊文化者，其與以前人類更舊文化之分別，正為其有一切科學之發明。然今天的人類文化，並不純粹由科學所主持、所領導。眞正主持領導此兩百年人類文化之主要精神，還是宗教與哲學，而科學則只是其工具與奴僕。因此科學對於當前人類文化之功罪，實不在其本身，而應在其主持領導者。將來的人類「新文化」，應該有一種「新科學」與之相應，而此種新科學，仍將為接受人文精神所主持領導之科學。不僅屬於人文科學者為然，即屬於自然科學者亦莫不然。此後人類新文化領域中之科學內容，既將與此兩百年來之科學內容，在其重點上有所變動，而牽連及於其方法之擴大與改進。今試姑作預測，約略指陳，以待此後之證驗。

將來的新科學，其着重點：

第一：將為「天文學」。此刻的科學，最要基點，安放在數學與物理學，其重要意義在於「利用厚生」，換言之，是乃「功利的」。將來的新科學，數理將成次要，人類將積極運用數理智識來發展天文學，俾能更瞭解宇宙之眞相。其重要意義在於「通德類情」，換言之，則是「求眞的」。而目前之宗教神學與哲學中形上學之一部分，均將為此新天文學所替代。

第二：新科學所著重者將為「生物學」。此項生物學，直從化學開始，而達於人類學。天地之大德曰生，人類亦還是生物之一支，明瞭一切生物，將藉以明瞭生命之究竟眞相，而因此更進一步明瞭人類之自身。不明瞭人類自身，而空將舊傳統裏的宗教與哲學形上學作領導，又增添科學新利器，則如盲人騎瞎馬，危險將不堪言喻。

第三：新科學所着重者將為「心理學」。此處所指之心理學，與目前一般所謂心理學者不同。目前一般所謂心理學，則應歸入生物學範圍。此種心理，僅為生物進展中之一種工具，大半還是物理學與生物學所研討之現象。而我所想像之人類將來新科學中之新心理學，則為一種超級心理學，即「人文心理學」，或可說是純心理學，將確然自成一種「心靈科學」。將從道德心理與藝術心理開始，而直闖進通靈學鬼神學的神秘之門。而與天文學、生物學相會通。

二

此上所述新科學中三種領導性的科學，實際早在前此兩百年內之舊科學中已經培植有相當地位，發現有相當成績。哥白尼的「地動說」，達爾文的「生物進化論」，已曾對人類智識發生了大刺戟，大影響。最近在心理學上所謂「潛意識」與「精神分析」，又是人類心理祕密一大發現。但此三種學問，實則僅在發軔時代，還未達到能眞正指導人生之程度與功用。

哥白尼地動說，打破了地球中心的迷夢觀念，因而搖動了上帝創世的舊信仰。但地球在天文學中的地位降低了，而人類在地球上的地位，換言之，即人類在宇宙間的地位，卻反而提高了。這眞是扶得醉人東來西又倒，譬如二五之與一十，近代新天文學智識之突飛猛進，仍未徹底洗刷盡人類為宇宙中心，為宇宙驕子，甚至為宇宙主宰之狂妄觀念。由宗教神學脫胎而來的唯心論形而上學，反而把人類地位直捷代替了上帝。以後的新科學，必將對宇宙眞相更益披露。宇宙之偉大，必可反映出「人類之渺小」，激發出人類之「謙卑」心情，來抽換今天人類之驕矜與狂放。這是此後人類新文化必然應有的人類內心轉變之第一標指。

達爾文生物進化論，卻與哥白尼天文學發現，獲得了相反的結果，人類並非上帝特意創造，人類實從其他低級動物逐步變成，於是人類歸入了動物系列中，成為一高級的動物。僅從生物學來看人類，忽略了從人類之本身來看人類。只看重人類之起源，而忽略了人類在其歷史文化演進中之所已到達與所將到達之一切。以獸性來解釋人性，把人性屈抑在獸性中。物競天擇，優勝劣敗，強者為刀俎，弱者為魚肉。物理化學機械工業，種種發明利用，助長了這一潮流。此兩百年來之科學智識，求眞之底裹，實際在「求用」。科學只增進了生命的工具，並未給與生命以更深更大的意義。此兩百年來之人類新文化，抬高獸性，迷失人性，科學智識猶如為虎添翼。人類所居住生息之地球，其在宇宙間之地位儘管渺小，而人類在此蝸牛角尖端所演出的蠻觸之爭，卻反而更起勁。資本侵略，帝國殖民，共產極權，階級鬥爭，波濤起疊，無非是人類獸性之盡情發洩。

天文學告訴我們，人類在整個宇宙中是如何般渺小；生物學告訴我們，人類在其整段的誕生以及長大的歷史過程中是如何般卑劣，這都是鐵一般的事實。然而人類畢竟有人類目前自身應有之地位，人類文化畢竟有此種文化內在應有之意義與價值，此一問題，自經近代科學天文、生物智識之發現，已非舊傳宗教信仰以及由隨時之需要而冥思玄想所構成的形而上學之所能解答。然而今天人類所碩果僅存之些微自尊心，及其對文化前途之些微期望心，則依然不得不仍寄託在宗教信仰與形而上學之玄想中。新科學之實證的發現，既非舊有的宗教信仰與形而上學之玄想所能控勒駕馭，則人類生命失卻了指導中心，於是最近幾十年來「唯生主義」與「唯物主義」，乘機崛起，瀰漫一世。科學價值，最多僅止於「化物成能」。人類文化，最多亦僅止於各憑物力「互爭長雄」。而其所爭，亦終不出「物」與「力」之閾域。用物多，擁力強，是為勝利；用物少，擁力弱，則為失敗。科學眞理，不啻如獅虎之爪牙。人生蘄求，僅等於鷄彘之營逐。人類不能即此安頓自己之內心，於是仍不免逃進宗教信仰與形上學之玄想中，來求自慰自欺。而宗教與形上學，又終於不能再支配人生，再作人生之領導。此乃兩百年來人類文化之眞病痛，而當前之人類浩刼，亦由此起。

三

若要為人類文化尋覓一新出路，應該着眼在我上文所指新的心理學即「人文心理學」之探討。此兩百年來，物質科學、生命科學確已有其不可磨滅之成績，而「心靈科學」則顯見落後。天文學告訴我們以人類之眞實環境，生物學告訴我們以人類之眞實淵源，然此等所昭示，皆僅屬人類之外圍，與人類之前身，而非人類之本體與本質。此種涉及人類「本體」與「本質」之眞實意義與眞實價值，則有待於心靈科學之繼續抉發。而不幸此兩百年來之科學界，只有心理學特別落伍，實在不副我們之想望。今天的心理學，最多僅是生物學之一旁支。心的地位，仍像是身的奴役。心靈仍像是生命之工具，而生命則為人獸之所共。一樣的主人，不過有了兩樣的僕役，人生終於跳不出其成為一獸生。科學智識之探檢，僅止於向外尋索，向前追溯，離題愈遠，失眞愈甚。我們當知不論為宗教，為哲學，為科學，一切都是人類心靈功能之表現。苟不能在心靈科學上有一深湛之探究，與顯明之揭露，則宗教信仰，哲學玄想，以及科學發明，仍將如上指述，羣龍無首，百怪惶惑，相互炫耀，而永遠鬥接不攏，人類則將永遠在迷惘中，盲目前進。

我所想像的新心理學，所謂人文心理學者，將以示別於以往兩百年來之舊心理學，而姑稱之為「超心理學」。須求其超越動物心理，與原人心理，而着眼在人文演進以後之「歷史心理」與「文化心理」。要將對此種心靈功能之探索，亦成為一種實證的科學，應該使此種心靈現象，在歷史與文化之眞實演進中指出其客觀化、普遍化之具體事狀與眞實意義。應該從人類行為上來研討人類心理，應該使人類心理有一具體客觀研討之對象，而確然可供科學方法之藉手。而此所謂人類行為，亦不像此刻西方行為派心理學者之所注意。此派行為心理學者之注意點，仍偏重在個人行為上。若抽離歷史文化之長期演進與整體嶄向，而僅從個人行為著眼，則人生仍還是獸生之變相，心理仍還是生理之旁支。此後之研究，則該放遠放大，注意「全體」人類之歷史行為，此即所謂「文化」者是。此種心理學則稱之為「人文心理學」。我們亦只有從全體人類之文化演進中，從人文心理之客觀研討中，纔能具體指出人類心靈之普遍本質及其內在意義。

此所指述之人類歷史行為，其注重點，並不僅在普通歷史上一切政治、法律、經濟等之人事措施，而更該側重在人類自有文化以來之「道德」與「藝術」之誕生與演進。政治、法律、經濟一切人事措施，最多仍是人生之手段與技巧，夠不上說人生之實質與本身。眞實人生之最高表現，就其在目前之所到達，則不得不推道德與藝術。即將來的人生理想所能到達之最高點，亦仍將在道德與藝術之範圍內。道德屬於「善」，藝術屬於「美」。此兩百年來新科學之所探求與獲得者，則僅偏於「眞」，抑且僅偏於自然界之眞，而忽略了善與美。在我則認為「只有善與美纔始是人文界之眞」。退一步說，亦不能不承認善與美乃始是理想中之「眞人生」。

今既忽略摒棄了人生之善與美，於是此兩百年來所謂新科學之探求所得，就人文立場言，實際乃似眞而並不眞。最多亦只是人生以外之眞，而不屬於人生本身之眞。於是人生墮落，與一切生物為伍，人類學成為生物學一旁支，心理學成為生理學一旁支，而歷史文化學，亦宜乎要變成唯物史觀與階級鬥爭。經濟資產，則變成為人類文化史之唯一主幹唯一中心。全部人類文化史，將下儕於羣狗爭骨。一應歷史上政治、法律、經濟之種種措施，乃及此兩百年來新科學之種種發明，亦不過羣狗爭骨之方式不同，技巧不同之花樣繁變。試問此種所謂眞者，果眞乎不眞？

馬克思唯物史觀所竭力排斥者，正為宗教信仰與哲學中形而上學之玄想。其所憑藉依據，則自謂乃此兩百年來之物理學生物學所謂新科學智識之種種發現。羣狗爭骨，已得者為資本主義，未得而欲得者則為共產主義。階級鬥爭之對象，僅為財產，為一切物質生活條件。而自由主義所擁護者，則除財產與一切物質生活條件外，另有所謂思想之自由。然思想自由之主要內容，則仍不出宗教信仰與哲學玄想之範圍。道德與藝術，善與美，僅成為宗教與哲學中之附庸，為其次要之一項目。遊離了人類本心之內在要求，而求一超越人生的善與美之根據，則亦惟有憑藉宗教信仰與哲學玄想可為其最後的壁壘。在我所想像中之人類新文化之下一幕的大體面貌，則應該抬高道德之善與藝術之美，來作為人類文化之最高主持與領導。一切政治、法律、經濟種種措施，應該為求到達人生之善與美，而盡其為一種工具與技巧之本職。至於善與美之眞實根據，則在人類心靈之內在要求，而不在宗教與哲學所信仰所指證之外在超越之無何有之鄉。

此種人類心靈內在要求之逐漸進化，而到達期向於善與美之領域，仍可建基於此兩百年來之新科學之已有方法與成績之繼續擴大與改進，而獲得其證明。上文所舉近代心理學中關於「潛意識」之理論，實可為人類道德心理與藝術心理指示一研求闡釋之方向與途轍。

近代心理學家所指出之潛意識，實不僅起原於人類有生之後，而實當更遠推溯及於人類未生之前。遠至自有人類，乃至自有生物以來之「感知作用」之逐步演變，逐步進化，而始有此種超級心理，即如上述之道德藝術心理，所謂人文心理，即乃人類心靈之透露。

四

如上所述，此後之新科學，應分為三級遞升之形態：

一、物質科學，包括天文學、地質學、物理學、數學之類。

二、生命科學，包括生物學、心理學之類。

三、心靈科學，包括道德學、藝術學、歷史文化學之類。

第一第二級物質科學與生命科學，其能事僅在「求眞」，抑且僅在求「人生外圍」之眞。惟第三級心靈科學，此始為將來理想的新科學中之最高級，其能事乃為求「人生本身」之眞、之善、之美之學，而為此兩百年來科學探討之未所遑及者，乃不得不以宗教信仰與哲學形上學之玄想來暫任其乏。

於是我將繼續說到中國傳統裏的學術思想。中國無疑地在此最近兩百年來，在所謂西方新科學界的成就，是瞠乎其後的。但中國也無疑地有它四五千年來的傳統文化。但又無疑地如上文所述，像西方般的宗教信仰以及哲學中形而上學之玄想方面，中國依然無成就可言。然而中國文化實不能說其一無成就。

中國文化之成就，正在其「道德」與「藝術」方面。道德與藝術，實為中國歷史文化之中心指導。若使沒有中國的道德與藝術，亦將沒有中國的政治和法律和經濟的一切措施，亦將無歷史，無文化。則試問又何從來此緜歷四五千年之偉大民族，與強韌不輟的偉大歷史進程？

中國文化中道德與藝術之實際造詣，及其理論根據，則並不在宗教信仰，亦不在哲學玄想，而乃建基於中國思想中之所謂「人性」一觀點之上。中國思想中之所謂人性，卻正合於我上文所指，人類心靈經歷長時期文化陶冶以後所積累在其心坎深處的一種「潛意識」之自然流露。

由此論之，中國人在科學上，實非無成就。其所成就者，卻早超過了第一第二級，而直透進第三級，如我上文所謂「人文心理學」，即「心靈科學」之閾域。惟其有此成就，故如西方人之宗教信仰以及哲學玄想，皆不為中國人所重。

至於近代西方兩百年來的科學，其目的嚮，尚僅限於第一級第二級，所謂物質科學、生命科學之範圍。因於雙方注意研討的對象之不同，牽連及於方法之不同。而不瞭解科學之眞精神與意義者，遂亦不能相信中國傳統學術之確有其科學上之地位，此即在一種理想的超心理學心靈科學上之地位。在此地位中，同為有甚深造詣者，則為印度之佛學。

惟佛學對於人生實際，則太偏於悲觀消極。僅從平面的社會著眼，不能從有深度的歷史着眼。因此僅能為分析的破壞，而不能為綜合的建樹。而其傳入中國以後，經過中國人一番調整、洗煉，而產生了中國化的「新佛學」，其登峯造極者，為隋、唐以下之天台、禪、賢首三宗，而尤以禪宗為魁極。此雖於中國傳統文化中之道德精神，僅觸及其反面與旁面，而就藝術精神論，則禪宗影響至深且鉅。

又經宋明儒之再度調整，再度洗煉，而印度佛學乃及隋唐台、禪、賢諸宗對人類心靈方面之一切創悟，一切慧解，又重新融化入中國自己傳統的道德精神之內，而發揮出許多甚深妙義，及極精微的修養方法，為中國在先秦及兩漢諸儒所未逮。

五

最近將來之人類新文化，我一向認為當由中西雙方之文化交流中產出。將來人類新文化之「最高企向」，就其鞭辟近裏言，就其平實真切言，決然為「道德的」、「藝術的」，而非宗教的與哲學的。

道德與藝術，本身即是人生之實體。而宗教與哲學，則終不免與真實人生隔膜一層。而道德與藝術之根本淵源，則應直從「人心內在要求」中覓取，不應在超越人生之虛無境界如宗教與形上學之所提示。而此種覓取，則有待於一種實事求是之科學精神與科學方法。

此種科學，屬於人文界，尤其屬於心靈界。不屬於自然界、物質界，乃至自有人類文化歷史以前之生物界。因此其探究方法，亦顯然將與前兩種科學有別。而中國人在此方面，則早已有甚深極大之貢獻。

至於人類心靈，以及文化歷史演出之眞實根源，則遠從生物界之長期遞變而來。更遠遡溯，可以與宇宙精神相訢合，此義亦唯在中國傳統思想中透露其端倪。

若論此道德藝術之充實流露於具體人生，而為政治、法律、經濟種種人事措施之最高主持與領導者，在中國傳統文化中，已有「禮」「樂」兩觀念之建立與發揮。故就此點言，在中國傳統文化傳統思想中，實已有直上直下，貫徹天人之成熟意見與具體方案。

惟深細推闡，則此中義趣甚深，殊非此篇短文所能包舉。此姑懸揭大旨，凡關心世界人類文化之前途，苟其不願僅止於此兩百年來物質科學與生命科學之領域，苟其不願為此數十年來唯物論與唯生論之偏見所拘限，而又不願一躍而仍然躲進兩百年前唯神論之門牆，又不願以純思辨的形上學玄想所謂唯心論哲學之言辨演繹為滿足，而於人類文化實際人生中之道德與藝術兩項，有所嚮往，有所努力，以求消解此唯物唯生之狂瀾，而挽回人類之浩刼者，將不河漢於吾言。

苟使對此東方文化古國傳統思想中之「人性觀點」，及其對於「道德」與「藝術」之實際修養與實際造詣，有所瞭悟，則三十年五十年之後，必有知吾言之斷非無端而妄發矣。

（一九五一年六月民主評論二卷二十三期，原題名為人類新文化之展望。）

三 中國文化與人權思想

一

「人權」一詞譯自西方，中國無此語。然最知人權大義，最尊重人權者，則惟中國傳統文化為然。並世其他民族難與倫比。

姑舉一例為證。中國自黃帝以來，即已明確成立一民族國家。一民族，一國家；一國家，一民族。道一風同，向心凝結。五帝、三王以下，土日擴，民日聚，而其為一廣土眾民大一統的民族國家，則無變。秦漢以下，易封建為郡縣，而其為一廣土眾民大一統的民族國家，則仍無變。迄今並世各民族、各國家，誰與相比。苟非尊尚人權，又曷克臻此。

大學言：「修身、齊家、治國、平天下。」身不修，即家不齊；家不齊，即國不治；國不治，即天下不平。此四者，層累而上，本末一貫，而以「修身」為之本。

修身由「己」不由人，此即中國人之言「人權」。一家之人盡能修其身，斯其一家齊；一國之人盡能修其身，斯其一國治；天下之人盡能修其身，則天下自平。無他道矣。

何以修身？大學三綱領即言其道曰：「在明明德，在親民，在止於至善。」「明德」者，備於身而自明。明其明德，如孝如弟，如忠如信，則自能親民。如夫婦相親，父母親子女，子女親父母，又兄弟姊妹相親，則家自齊。所謂家齊，乃其闔家之人，人人有明德，人各自明其明德而相親，斯之謂家齊。非有一法律臨其上而制之使齊。

人有明德，斯能相感。父慈可感子使孝，子孝亦能感父使慈。相親斯能相感，相感則更能相親。人之相處，能各以其德「相親相感」，斯即「至善」。人生亦惟求能止於此至善而已，而更復何求乎？

齊家如是，治國平天下亦如是。人人自能之，而又必待人人之自能之，非可從外從旁有強力以使之然，此即中國人對人權之認識。

二

中國人不言人權，而言「人道」。

「道」本於「人心」，非由外力，此始是自由，始是平等。「權」即是一種「力」，力交力必相爭。力與爭則決非中國人之所謂道。中國俗語云「力爭上流」，亦指「修身」言。彼人也，我亦人也，彼能是，我烏為不能是？希聖希賢，此即力爭上流，而豈與人相爭乎！

大學八條目在修身、齊家、治國、平天下之前，尚有「格物、致知、誠意、正心」四條目。「物」字古義，乃射者所立之位。射有不得，則「反求之已」，此之謂「格物」。射不中的，非目的不當，亦非射者之地位不當，乃射「藝」有不當。家不齊，非家人之不當；國不治，亦非國人之不當；天下不平，亦非天下人之不當。乃齊之、治之、平之者之「自身之道」有不當。過不在人，而在己。不能以己志不得歸罪他人。此尤中國人尊尚人權之大義所在。

故格物斯能致知，必先知有此規矩不能踰越，乃能反而求之己，求方法上之改進，而一切正當知識遂從而產生。故孝子不能先求改造父母，所謂天下無不是的父母是也。即向各自之父母而善盡我孝，此之謂人道。吾道所在即對方人權之所在。豈背棄父母不加理會，即顯出我之人權乎？

換言之，必在「人有權，我斯有道」。既人各有一分不可侵犯之權，則擬必有一套和平廣大可安可久之道以相處而共存。其與高唱人權相爭不已，高下得失亦不待言可知矣。

周武王伐紂，戰於牧野。紂之眾皆反戈。彼輩亦知紂之為君無道，武王始合君道，叛殷而服周，此亦紂眾之人權。自古不聞以紂眾之反戈為非者。然伯夷叔齊則以武王不當伐紂，扣馬而諫，武王謂其「義士」而釋之。然周有天下，伯夷叔齊恥食周粟，餓死首陽之山。伯夷先曾以不違父志，讓國出亡。其弟叔齊亦不欲凌其兄而居君位，遂亦讓國偕行。兩人皆以孝弟修身而讓國，又豈能同意武王之出兵爭天下。然後世皆崇奉周武王，不聞以其革命為非。而孔子稱伯夷為「古之賢人」，孟子尊伯夷為「聖人」，是何義耶？

人生必有羣。君者，羣也。有「羣」則必有「君」。故尊君亦愛羣一大義。君有一時之善惡，而「君臣」「上下」，乃千古之大防。伯夷之存心，亦惟此千古人羣之「大防」。故孔子稱伯夷「求仁而得仁」，與周武王之弔民伐罪同得稱為「仁」。

當孔子之時，君道已久不行。孔子雖尊伯夷，而亦未效伯夷之隱遁餓死。孟子稱伯夷「聖之清」，僅為聖人之一格。孔子為「聖之時」，乃為集聖人之「大成」。而周武王與伯夷與孔子，乃同為中國古代之聖人。要之，自盡其心，自明其明德，自修其身，自行其道及其至，雖事業有大小，地位有高下，而同得為聖人。由此亦可覘中國文化傳統之大義深旨所在矣。

三

中國古人又以「經」「權」並稱。「經」者，常道。然道雖常而必有變，衡量其是非、利害、得失、大小、輕重而為變者，稱為「權」。故經必有權，而權必合經。變之與常，是一非二。

多數人惟當「守經守常」，惟具大智慧有大見識之少數人，乃能「通權達變」。孔子之為學，「述而不作，信而好古」。歷史經驗，此乃人道守經守常之所本。然孔子又曰：「人不知而不慍。」又曰：「知我者其天乎！」此乃孔子之隨於時代而通權達變處，豈盡人之所知。孔子「十有五而志於學，三十而立，四十而不惑」，此乃其為學之守經守常階段。及於「五十而知天命」，乃其為學之上躋於通變之階段，又豈人人之所能企乎！

故孔子又曰：「弟子入則孝，出則弟，謹而信，泛愛眾，而親仁。」此乃多數人所當守。又曰：「殷因於夏禮，所損益可知也。周因於殷禮，所損益可知也。其或繼周者，雖百世可知也。」此則少數人始能知，斷非多數人事。

知識不平等，亦可謂即是人權不平等。然人權終有一平等處，則即是「修身」。修身有高下，人各不同，但亦有一平等處，即是人人對人當知有所「尊」有所「親」。果使人人知修身，則人之在大羣中，亦必各得有尊之親之者。而治平大道亦盡是矣。

四

西方言「人權」，主要乃為多數人言。人人有權，各自平等，各有自由，遇有爭端，惟賴法律為解決。然法律不教人有尊，不教人有親，僅保衛各人之權利，禁人之為非作惡而已。中國人言「道」，則主在教人知所尊，知所親。此「尊」與「親」之兩種心情，最是人權基本所在。果一付之法律，法律豈能強人孰尊而孰親。重法而輕道，則人權終不立。

大學一書，在中國成為一部人人必讀書，已逾六七百年之久。大學言修身，乃教人在大羣中如何做一「人」。西方注意教育普及，乃正名為國民教育，其意在教人在某一國之政府下如何做一「公民」。教人在人羣中做一人，與教人在某一政府下做一公民，此兩者意義價值大不同。

在上者既要求民眾在其政府下做為一公民，斯在下之民眾勢必要求對此政府有預聞之權。此一要求，乃成為近代「民主政治」之理論根據。而政治遂成為多數人之事。

大學又言，「自天子以至於庶人，一是皆以修身為本」，則依中國之道言。多數人欲預聞政治，仍必先自修身。

孫中山先生根據中國自己文化傳統，乃有「權在民，而能在政」之辨。民眾有權要求政府用人，選賢與能。政府不賢能，決不能久安於位，此即「民權」。然選賢與能，則非多數民眾之所能。其事仍當由政府少數「賢能」者任之。

中山先生乃於五權憲法中特設一考試權，不僅被選舉人當經考試，即選舉人亦當先經考試，此始有符中國傳統文化之深義。

抑且在人羣中做一人，必當知有尊、知有親，必當知謙虛、知退讓，必當知與人和不與人爭之大義。

果使稍受中國文化傳統修身大教之陶冶，而使其人出頭露面，在街頭大眾前，自誇己長，指摘人短，以博取多數之選票，則必恥此而不為矣。

果使西方民主政治結黨競選之風氣普遍流行於吾國，則國人向來所受修身大教，主「謙」主「讓」、主「退」不主進、主「和」不主爭之羣認為人生美德者，勢必淪胥以盡。而伯夷之清，柳下惠之和，雖其德性修養已臻於聖之境地，亦不得預於競選之林。即以伊尹之任，亦當隨時代潮流而變其風格。至如孔子之時，則不知對今日之民眾競選將具何意見，抱何態度？

要之，當前之所謂民主政治，一切桀範，在西方，不在中國。則身為中國人，惟有作東施之效顰，邯鄲之學步，亦復何人權之可言乎！

五

文化傳統本有相異。西方政教分，宗教信仰獨尊耶穌、上帝，不尚多數。西方政學亦分，學術各部門科學、哲學、文學等，各有專門，各有權威亦不尚多數。惟近代民主政治則轉而尚多數。每一事之是非從違，即從舉手與投票之多數而定。其言人權，亦指政治言。

中國文化傳統則政教合，政學亦合。未聞不受教、不向學，無知無識，亦得與聞政事者。不先修身，焉得問政？

西方人「主分」，故於人事中，政治亦獨立分出為一項。中國人「主合」，則政治亦只視為人事中一項。政治領袖，與社會平民職位有高下，而其為人大道則仍合一不分。惟當一政治領袖，其權大。所謂權，乃其通時達變之權。故為一庶人，能守經守常即可。為一政治領袖，通時達變，須具大智慧、大見識、大修養、大決斷，庶可任之。

中國歷史上，歷代帝王能勝任愉快者，實不多。猶賴有政府中其他文武百官，輔之弼之，承之翼之，以共維此大業。但猶治亂相乘，不易見常治久安之局。一部二十五史，言之非不詳。而豈「帝王專制政權」之六字，所能恰當表達乎！

今吾國人，又奈何不重視吾五千年相傳民族國家之「民族權」與「國權」。五千年來，凡吾國人所能組織成此一廣土眾民大一統之民族國家，以緜延長久而不壞，其所經營，豈能不聞不問，而僅曰，「我有人權，我亦得預聞國事」。乃不惜釀亂以相爭。則國人必曰，西方進步，我豈能故步自封，常此守舊而不前。則試問，西方之進步又何在？

自第一次第二次世界大戰以來，西方實在退步中。美蘇對立，豈即英法之進步。兩次大戰後，不知警惕，不加謹慎，大戰之再起，又豈即是美蘇之進步？今日美國總統以「人權」二字來呼喝，蘇聯人則以整軍經武為對美國爭「國權」之惟一上策。苟無國權，又何有人權？人權乎！人權乎！其終將以何辭作解答？竊恐在西方亦未有一定論。我國人追隨其後，恐終亦望塵而莫及耳。

六

茲當遵依中國文化傳統來試釋西方所言之人權。竊謂「人權」當不屬於分別之個人，而當存在於和合之「羣體」中。人之處羣，必有其道，必當有所尊，有所親。

人生來自父母，中國人提倡孝道，為子女者必當對其父母知親知尊。斯則為父母者，必各得其受尊受親之地位，此可謂天賦之「自然人權」。

人之處羣，所當尊親者，不只屬於父母。推此知有尊、知有親之心情，以修之身，而見於行，斯其人亦必受人之尊親。此可謂乃經文化陶冶之「人文人權」。

由此道，而使人羣成為一「相尊相親」之人羣，亦為一「可尊可親」之人羣。國治而天下平，即在是矣。

西方人重個人主義，乃謂人權分屬個人，爭富爭強，自尊自親。近代西方國家之帝國主義，乃至其社會之資本主義，胥由此根源來。

但耶穌言，「富人入天國，如橐駝鑽針孔」，是耶穌不教爭富。又曰，「凱撒事凱撒管」。上帝不管凱撒事，則凱撒當非可尊可親。是耶穌不教人爭強。惟西方「政」「教」分，故在政始言「人權」，在宗教則不言。人生與罪惡俱來，豈有權爭入天國？

中國孔子之教，與耶穌又不同。

孔子「五十而知天命，六十而耳順」。所聞人之一言一行，入於耳而皆順。蓋孔子至是始知，凡屬人，皆有一分「天命」在其身。故皆可尊、皆可親。惟當有所教導感化，以使歸於正。故能所聞不逆也。至「七十則從心所欲不逾矩」，此心能對人知尊知親，而能達其極，斯我心自無不是，乃可從其所欲而不逾矩矣。若使對人不知親不知尊，斯其人即不足尊不足親。此乃中國文化要旨。

惟耶穌則教人對上帝當知尊知親而已。至今日之言人權者，除其小己個人外，果誰當尊誰當親乎？如謂惟當各別自尊其個人之地位自親其個人之利益。而人與人之間，既互不相尊，亦互不相親，則所謂人權亦僅一「法律」名辭而已。

若謂法律可以齊家，可以治國，可以平天下，則除上帝外誰能來制定此法律？故中國人向不重法，而一切最後則歸之於天命。「天命」則猶人生中最高最大之法律。然誰知此天命？則仍貴由「少數」以達於「多數」。中國教人，惟教多數親少數，尊少數。而豈尊個人各自之人權乎！

七

近日國人亦組織一「人權協會」方欲廣徵論文。主其事者，杭立武先生來函，謂欲教大陸民眾爭人權，必當結合中國文化傳統，紮根於中國固有思想，始克有功。此語誠可發人深省。不辭譾陋，姑撰此文以應。然亦粗陳崖略，至於繼此以往，則千頭萬緒，引申無窮。

然果使吾國人能對此五千年炎黃以來，歷祖歷宗，所艱難締造之民族國家歷史文化傳統，古聖先賢之嘉言懿行，知所尊、知所親，則道在邇，不煩求之遠。中國人權即可由此而得矣。敬以此質之杭君，其以為然否！

（一九八一年元月中國人權協會邀稿原題名中國文化傳統與人權）

四 中國文化演進之三大階程及其未來之演進

中國文化演進已歷五千年之久，為並世其他民族所莫及。其演進可分三大階程。人生必有羣，羣中又有多、少數之異同。多數、少數，皆屬重要。貴能密切相關，融成一體。此講中國文化演進三階程，即就此著眼，加以討論。

一

中國為一氏族社會，氏族即成為羣。在此羣中，可分兩大統。姓從女，乃「血統」。氏從男，主要以職業分。政治更其大者，是為「政統」。

遠古不論，姑從唐、虞始。唐以世事陶業名。堯為帝，當為陶唐氏之酋長或代表。其他氏族，同尊之為共主，此即所謂「天子」。在堯之政府中，亦有其他氏族參加，故堯之政府，遂為當時中國社會其他氏族一共同之領袖與代表。

虞亦一氏族，應是掌管山澤禽獸。而此氏族中出一舜，以大孝名。聞於堯，以二女妻之，深探其究竟，而熟察其為人立行之詳。時適洪水為災，堯無法治理，乃擢用舜，加以重任，舜乃黜當時治水之臣鯀。鯀之族，當亦以治水為職。乃續用其子禹。治水有效，但水災尚未息。而堯則既老，乃不傳天子位於子而傳於舜。然堯子丹朱，雖不肖，當仍得保留一職位。

舜既為帝，乃封其弟象於有庳，可見舜亦一氏族，故其弟乃得封。而治水大功，既定於禹，舜之老，乃亦禪位於禹。而舜子商均，當亦保有一職位。是則「堯、舜禪讓」，雖為中國後世尊崇，認為政治上無上之大德，實亦由當時氏族政權之情勢中演出，非先有禪讓美德，而堯、舜乃加遵循。換言之，此亦出於堯舜當時內心之一自然形態而已。

禹既究成其治水之大業，乃亦繼承堯、舜成法，讓位於其同時治水之臣益。當時民眾則羣心感戴禹之大德，而擁戴禹子啟為天子，不擁戴益。此下遂又成為「帝位世襲」。此非當時有人專意定為一帝王世襲制，亦當時社會大羣心理之一自然表現、自然現象所形成。如上言之，中國政府之最高制度，豈非一任自然，亦一出民心，而兩者之間，則實無可嚴加分別乎！

又如周民族奉后稷為始祖，但大雅生民之詩，后稷有母姜嫄。又后稷之生，其時已有周氏部落之存在。后稷亦自有其父，特以后稷教民稼穡，而周人乃奉以為姬姓一氏族之始祖。此猶如姜氏族之奉神農為始祖，亦如唐、虞兩氏族之奉堯、舜為始祖。禹亦有父鯀，而夏氏族則奉禹為始祖。商氏族則奉契為始祖，但契亦必有父有祖可知。是則中國之氏族社會，雖重血統，而同時即重道統。惟其重道統更過於其重血統，乃於同血統中，尊一擁有上智至德者為始祖。一屬自然，一屬人文，而實似以人文來定自然。而其所謂人文，則實無害於自然。中國傳統文化「天人之際」、「古今之變」，其要乃在此。「血統」屬於「天」，「道統」屬於「人」。

夏、商、周三代，皆屬中國古代之封建政治。而西周封建，則更見為進步而特出。不僅分封姬姓，及其外家姜姓，又封殷之後裔，使其傳統不絕。更又興滅國，繼絕世，把歷史上所有諸氏族，只要其曾有建樹，對歷史有貢獻者，遍加封建。此等諸侯，則可以代表全中國社會歷史經歷中有功德建樹之各氏族。使政統與血統，更為密切配合，融成一體，乃得稱之為「道統」。此實為中國傳統文化最本源、最基礎一要點。

其實堯、舜禪讓，湯、武征誅，以及帝王世襲，同在此一道統中。而西周封建，其事創於周公，乃更完成此道統之大。故中國人必稱「聖君賢相」，周公則因其不如上世之舜、禹、湯、武，而畢生居臣位，乃見其為歷代賢相中之極特出者，故尤得美稱。此見「君」「相」在政統中，皆特為少數，而氏族則為多數，羣體又更為多數。中國封建政治由大羣中之氏族來，可見中國人尊尚少數實亦從多數中組織培養、挑選提拔來。而又密切相關，融成一體，由「血統」中創出「政統」，又由政統中完成「道統」，而使中國成為一「封建一統」之國家。此可謂是中國文化進展之第一階程。

二

今再綜合言之。中國社會乃一氏族社會，而中國歷史則即為以「賢、聖」為領袖，以少數領導多數，以人物為最高中心之歷史。

此所謂人物之「物」字，即是一標幟，一記號。在中國古人觀念中，即不啻以一大聖大賢為人類大羣之代表。故「尊聖」、「尊賢」，即是「尊眾」、「尊羣」。尊重人類，亦是尊重天意之一種表示。何嘗有近代人之所謂帝王專制呢？

子貢有言：「紂之不善，不如是之甚也。是以君子惡居下流，天下之惡皆歸焉。」此見中國人尊重元首，高視了帝王的地位，遂把一切罪惡都歸在一兩個不符理想的元首身上去。此實亦是中國傳統尊君重道之又一種表現。

「惡」亦有「共同性」，下流乃社會之多數。「善」則有「特殊性」，聖君賢相居少數，乃各有其獨特處。如堯、舜禪讓；湯、武征誅；舜之孝；禹之治水三過其門而不入；文王之三分天下有其二以服事殷；周公之大義滅親，誅管、蔡，以永奠父兄之業。上之如伏羲氏、神農氏，更上有有巢氏、燧人氏，每一時代即以一理想人物作代表，每一人物即以一特殊之「德性」與其無上之「功德」之成就為代表。至於下流多數，則決不足以代表民眾、代表歷史。而此上流少數，則又必出於下流多數中，而為之代表。乃以代表此人類之歷史進程與進步階段。此又為中國文化傳統歷史記載寓有深意之一大特點。

三

西周東遷，春秋時代，以前政治一統之大業，則幾於崩潰。晦盲否塞之餘，乃有至聖先師孔子其人者出。孔子當時所想慕者，乃為周公。故曰：「甚矣吾衰也！久矣吾不復夢見周公。」又曰：「如有用我者，吾其為東周乎？」換言之，孔子心中不望為一聖君，僅求為一賢相。然終不得志，其道不行，僅開門授徒，成為此下戰國時代之一家言。

戰國時代諸子百家繼起，實亦同尊孔子，多志為相，不志為君。迄於漢代，而儒家定為一尊。漢武帝表章五經，罷黜百家，周公、孔子同受崇拜。孔子所作春秋，亦列為五經之一。帝王治道，則必本諸經。其時則「經學」即為「道統」，顯然已超出「政統」之上。

唐、虞、三代，乃由政統中產生出道統。漢武帝以下，則必尊道統以為政統。以前是聖君用賢相；此下則必用賢相，乃得為聖君。

君位仍是世襲，仍從血統來，但在政統中已不占惟一之重要地位。相位則選自羣臣，臣位則從郡國選舉賢良，再由五經博士授業講學中來。

政統乃大部分出自學統，即道統。「學統、道統」乃更重要於政統。可謂中國歷史一大變，乃中國文化進展之第二階程。

四

中國自「封建政治」一轉而為「郡縣政治」，血統即不在政統中占重要地位。而秦始皇不悟此義，乃謂政統中當僅留惟一血統，君位世襲，乃可二世、三世，以至於無窮世。漢儒自武帝後，即有名言謂：「自古無不亡之國。」此即謂君位血統不可常，故與其招湯、武之征誅，不如遵堯、舜之禪讓，於是遂有王莽之新朝出現。光武中興，雖仍是劉氏血統，而一朝君相大臣，則多出自王莽新朝時代之太學生。「學統」之更超於血統，此亦一證。

近人譏中國為帝王專制，每舉秦始皇、漢武帝為例。其實此兩人皆深具歷史知識與文化意味。秦始皇則主進步論，重近代，輕古代。其焚書案，乃罷斥「以古非今」之諸博士。主張廢封建，而以古非今者則嚴加重懲。漢武帝則與秦始皇適反其道。主張尊古，故於先秦百家中最尊孔子儒家，立五經博士。盡廢其祖先一家相傳「非劉氏不得王，非有功不得侯」之立國大方針，而創建重古尊孔之「五經博士制」。儻以近代人眼光論之，則秦始皇觀念較近西方歐洲文化之意見，漢武帝則純粹中國民族文化之大傳統。此一分別，惜近代國人乃無有加以注意者。此亦一大堪惋惜之事。

但中國政府雖已變成一尊「道統與學統」之政府，而社會則仍為一氏族社會，重血統。兩漢士人進入政府，得一官位，必退而敬宗恤族，使一宗一族人盡得霑溉。此則政治上層少數，仍與社會下層多數有其緊密相繫處。而自古代農、工氏族外，又得學業氏族，為「士族」之創興，亦不得不謂非中國社會一進步。

東漢自光武、明、章以下，政治漸衰於上，而士族則盛興於下。降至魏晉，中國乃成為「士族」之天下。南朝如此，北朝亦然。自士族社會進而為士族政治，使社會多數進入政治少數之機會又益增。就中國文化傳統言，則仍不得不謂之一進步。

五

唐代再臻統一，而較之兩漢，則又有進步。唐太宗隨其父高祖在軍中，其幕下即有「十八學士」，較之東漢光武中興時已過之。西漢開國，乃一平民集團，士人極占少數，更遠不能與唐初相比。其次宰相一職，唐代分中書、門下、尚書三省。中書出命令，門下掌封駁，君權已由相權正式代之，而相權分掌於多人。此亦顯較漢代為進步。

尤其是唐代科舉制度，社會學人可得自由應考，進士地位遠較兩漢太學生為門路廣而更受重視。此皆學統在政統中更得較高地位，社會多數又多得參加，兩者又緊相聯繫。然論學術大統，則唐代之五經正義依然承襲兩漢。而科舉取士則重詩賦。「文選爛，秀才半；文選熟，秀才足」，唐代社會乃成一詩人社會。詩之為用，抒情懷、發哀怨則有餘，闡揚聖君賢相周公、孔子之治平大道則不足。兩漢以下，老子之道已與孔子並盛。而唐代以同姓李之血統觀念，亦並尊老子。佛法東來，唐代帝王亦多崇信。於是儒、道、釋三教，已如鼎足之分峙。而周、孔之尊，則唐乃遠不如漢，實有轉趨退頹之現象。

於是有韓愈出而提倡古文，其言曰：「好古之文，好古之道也。」著為原道篇，又為師說。其時惟僧侶始稱「師」，而韓愈則以「為師傳道」自任。其言曰：「並世無孔子，不當在弟子之列。」又以排釋、老自比於孟子之拒楊、墨。於是尊孔而為學崇師，更重於為政而出仕從君。而其視孔子之為學，則更重於其入仕，而漸脫離於周公。孟子則追隨孔子。周、孔同尊遂漸轉為孔、孟同尊。

韓愈又為伯夷頌，則所重在野更過於在朝，為師更重於為君。宋人稱其「文起八代之衰」，實即其所倡導，則已逾兩漢而上之矣。惟韓愈後學，繼世即竭。下迄晚唐、五代，學絕道喪，而中國乃陷於混亂黑暗中。

宋興，與漢、唐又不同。宋太祖乃以一侍衛長受軍人擁戴，而黃袍加身。其相趙普謂：「助君以半部論語得天下，又將助君以半部論語治天下。」宋代諸帝王，重士有過於漢、唐，而論語一書之尊顯，亦漢、唐兩代所不如。

胡安定蘇、湖講學，朝廷取以為法，又聘安定主其教。歐陽修提倡韓愈古文，而其後起王安石，則曰不願學韓愈而願學孟子。乃重唱尊經，有意為「新經學」。司馬光則繼左傳為資治通鑑，以史學通治道。則孔子地位，自在漢、唐諸君之上矣。

以王安石、司馬光之為相言，其地位亦遠在其君之上。漢、唐惟為君者信用其相，至是則不啻為君者乃「尊師」其相。王安石為「經筵講官」，主坐講，君則立而聽。則相位之更重於君位，而師道之更尊於君道，其事皆從宋代起。社會下層之士，乃有轉超於政治上層君相之上者。則宋代之較漢、唐，其在中國文化展演之階程上，不得不謂其又進了一步。

但新、舊黨爭，終使北宋陷於衰亡而不救。而其時乃有周、張、二程理學家之興起。蓋道統既尊於政統，師道既高乎治道，則進而在朝不如退而在野。為士者既以師道自任，則在己之修養磨鍊，乃更重於出仕以從政。此乃宋代理學家之異於漢、唐儒。宋史特立道學傳以別於儒林傳，即具此義。

南宋朱子繼承二程，定論、孟、學、庸為四書，為之作集註與章句。宋代以下，四書乃凌駕於五經之上。治學者必先四書，乃及五經，於是孔、孟之新傳統乃繼周、孔舊傳統而代興。在野之師道，乃始正式凌駕於在上之君道。此當可謂中國傳統文化演進之第三階程。實可謂其乃由多數展演進向少數之又一進步。

六

然而周、張、二程既無救於北宋之衰亡，朱子、象山亦無救於南宋之衰亡。元代乃以蒙古異族入主中國，在上之政統、血統乃亦因之而大變。惟政治亂於上，而社會之道統則仍安定在下。黃東發、王深寧、吳草廬皆以南宋大儒，元初在野講學，為一世師。其出仕在朝者，劉靜修盤桓不求進，尚受後人推崇。許魯齋稍得意，乃受後人之鄙視。魯齋在野時，與眾坐一梨樹下，有「梨無主，吾心獨無主乎」之語，則其人平素非無修養可知。

但就實論之，元代雖異族入主，其政治大統一切制度，亦多依循前代，一仍唐、宋，無多更易。科舉亦仍舊貫。考試課目，則遵南宋朱子新傳統，先四書，後五經。明、清兩代一遵無變。此亦不得謂非許魯齋之貢獻。

劉靜修謂：「由己而道尊。」許魯齋則謂：「由己而道行。」然元代諸儒則終多不應舉。而書院講學遍於全國，地方官到任必先赴書院聽講。此又道統尊於治統之一明白確切之表示。專以此一端論，則元代風氣，亦已遠勝於秦代之焚書、嚴禁在下之以古非今、以政統高駕道統而上之之所為矣。

然而中國人則終不忘其血統觀，於是朱元璋乃以一小沙彌崛起，驅逐蒙古，身登天子之位。此非民族大義一明白之表示乎？但其招攬諸儒，則終亦不免由君使臣，以道統供政統之用。劉基得聘書，同時賜以劍，使任擇其一，其無禮乃如此。其他諸儒受聘，亦多經逼迫。施耐庵為水滸傳，在林冲、武松諸人忠義堂一百零八好漢中，獨於其元首宋江有微辭。而有王進其人，神龍見首不見尾，獨在一百零八好漢之外之上。殆施耐庵即以自喻。當時士人以「道統猶當在政統之上」之共同觀念，水滸一書亦可證。然則即謂水滸乃承兩宋理學傳統來，亦無不可矣。

明祖廢宰相制，成為皇帝一人獨尊，此制更要不得。而明成祖以「滅十族」罪方孝孺，其為君自尊，尤更遠甚秦始皇帝之上矣，則更尤要不得。此下明代諸君，亦終難與宋相比。蓋宋祖之登帝位，得自無意，一若天之將降大任。而明祖則從兵戎戰鬥中奪來，一若由己艱難占有此寶物，遂以滋其自尊之心。今人則以民族大義與平民為天子來看明祖，則中國五千年歷史豈不惟此一人，猶當駕漢祖而上之？不求其內心，宜有此失。此則可見宋代理學提倡「正心」，其說對中國文化之大貢獻處，終為不可忽視矣！

明代諸儒乃亦一承元代之風，以不出仕為高。吳康齋、胡敬齋隱於田野，陳白沙隱於海澨。王陽明一人獨例外，然亦先遭龍場驛之貶謫，及其平宸濠之亂，而亦幾遭不測。終以江西巡撫死於軍事途中，未能一日重返京師。故其弟子如王龍谿、王心齋，皆決意不仕，在野講學。乃有李卓吾之徒，又成為儒、釋、道三教同流之勢。東林一反故轍，主張在野不當忘廊廟。然而中國之士傳統，雖誠如東林學派之所提倡，而東林黨禍興起，高忠憲亦投水自盡，明代亦終以亡國。滿清入主，重來異族之統治。晚明諸遺老，亦相率不仕。李二曲居土室，顧亭林則流浪山、陝間，王船山、黃梨洲皆隱晦以老，朱舜水則乘桴海外。政亂於上，學興於下，較之元初，抑更遠勝。

七

今言政統，則漢、唐為盛，宋已衰，惟明代若差堪與漢、唐相擬。此外則遼、金、西夏割據，蒙古、滿洲入主。宋以下之中國，遠不如宋以前。然論學統、道統，則宋以後尤盛於宋以前。社會下層遞有進步，中國依然是一中國，而旺盛繁華遞有升進，亦一不可掩之事實。

顧亭林言：「國家興亡，肉食者謀之。天下興亡，匹夫有責。」此亦言政統失於上，而道統則猶可保存在下。匹夫較肉食者遠為多數。實則此等匹夫更難得。亭林之意，乃主於大範圍多數中養出此更難得之少數。君有君道，臣有臣道，職位既定，其道易知。匹夫在政治上無職無位，而天下興亡，道大難知。道不行於下，社會無知無道，則一切無可言。此意尤值深切玩味。

清代順、康、雍三世，治定於上。乾隆之盛，上比明代之嘉靖、萬曆。然而在下之學統，則依然一反在上之政統，乃有漢學、宋學之分。宋學乃朝廷科舉功令所尚，重朱子之四書。而漢學則返之兩漢五經，而程、朱則轉若所輕。論其內情，則依然以在野爭在朝，以道統爭治統，以孔子之至聖先師爭當代之帝王一尊，則依然是有宋理學之流軌。

西化東漸，乃有太平天國興起，以耶穌為天兄，洪秀全為天弟，到處焚燒孔廟。今人亦以民族革命稱之。儻其成，當又將下於明代之開國萬倍。曾國藩乃以在籍侍郎，發動湘鄉團練，平其亂，維繫中國文化，功在民族。孔廟猶得存在，道統仍見承傳，此非曾氏之功而何？而今人乃以昧於民族大義責之。使曾國藩而亦從洪秀全，如復有施耐庵者出，再為水滸傳，不知更將何以下筆矣！

下迄清末，康有為起於粵，章太炎起於浙，皆以書院講學傳統，一主今文經學，一主古文經學。要之，以中國舊傳統言，皆似以社會下層之道統上撼政府上層之治統。而實則康、章皆非其人，道統已失，狂言枉論，僅以誤世。獨中山先生乃以革命大業，創建民國。此誠中國歷史上一大開創，一大進步。

中山先生之「辛亥革命」，始可稱之為一正式「民族革命」。既非太平天國可比，亦非明太祖開國可比。中山先生之以第一任正式大總統讓之袁世凱，湯、武征誅，繼之以堯、舜禪讓，有宋理學家之所提倡，中山先生正其人矣。

洪憲稱帝，北洋軍閥擅權，政復亂於上。中山先生退隱在滬，開創「三民主義」作為講演。雖其辭若只討論政治，然首冠以「民族主義」，即以道統駕治統之上。又稱「民有權、政有能」，則民權雖在社會下層之多數，而行政之能，其責任則在上層政府之少數。其重視上層治統之少數，亦上承中國文化傳統之理想而來。「民生主義」一端，乃屈居三民主義之最末。又非專指衣食物質生活言，乃指社會多數之人生言。而民族主義則兼涵並容以前歷代之古人，更屬大多數。而能明得此民族歷史之傳統大義，則少數中之尤少數，其職任當為最難。

故中山先生之創為三民主義，乃自居為「先知先覺」，名其黨人為「後知後覺」，而全國民眾則為「不知不覺」。此一分別，尤更為遠異於西方結黨從政之普通意見，而深入中國五千年來傳統文化之道統、政統之內在精處，有非極高深識之士之所能知。中山先生提倡此義，豈非我中華民族一天賦之大聖而何！

中山先生又於五權憲法中加入監察、考試兩權。考試權乃中國傳統政治最高機能所在，使社會多數與政府少數緊密相通。政府之「能」直接出於民眾之「權」，其要在此。故中山先生乃主我民族傳統自古相承之考試權，而不主當前西方盛行之選舉權。雖亦言及選舉，而不僅對被選舉人有限制，並對選舉人有限制。其所限制，則皆在考試權中。此尤不失中國傳統之重視少數，而此少數之又必出於多數之精義。

惟考試內容，則中山先生未經詳作規定，而亦無人起而繼其功。漢唐以來，中國政統上研究討論最值注意之重大一問題，今乃無人過問，此誠大堪惋惜之事矣。

八

黃梨洲明夷待訪錄，其原君、原臣諸篇，發揮中國傳統民主政治之精神所在，其書尚在法國盧騷民約論之前。盧騷民約論僅本空想，而梨洲則根據中國傳統史實。孔子以前，聖君賢相之相傳，實即代表治統不離道統，早已是一種「民主」精神。秦、漢以下，天子為王室之主，宰相為政府之主。君位世襲，由氏族觀念來。而政府中之相權，實即代表社會之「民權」。君不必聖，而相則必賢。周公、孔子乃漢、唐以下社會民眾理想之所寄。梨洲待訪錄深斥明祖廢相為中國政統有失道統意義之最大一關鍵，乃一針見血之論。

梨洲待訪錄又有學校篇，主張學校當為政統中公議之發源地。此一層，亦漢、唐以下諸儒所未發，而其論則從明代之東林來。

今再進一層言之。學校為立國百年大計，其最高權能，應尤在政府之上來領導政府；不應盡在政府下，受政府之統制。即兩漢太學已有此意。又學校為考試之本，而考試則為政府用人之本。政府成員來自考試，考試內容則定於學校之理想。

漢武帝之表彰五經罷黜百家，本之董仲舒之賢良對策。而董仲舒之得為賢良，則出於地方民眾之察舉。自察舉演進為考試。唐代考試乃脫離學校而獨立，此實為道統與政統一大歧點。蓋自漢末經魏、晉、南北朝，教育乃在世家，學統寄之血統。及唐代，考試盛而世家衰，無學校則考試何所本，應考者又何自來？

宋代有胡安定創興之書院，王荊公更新考試，此種精神，至朱子之定為四書，元代之更新科舉制度，而後教育為考試大本之理想，乃有開始實現之端倪。晚明之東林書院，則為之作明白宣揚。梨洲此番理論，具體落實，有其更顯明之表現。但明代科舉，八股文乃成為應考者文章之定式。顧亭林日知錄謂：「八股之禍，更甚於秦始皇之焚書。」則考試制度之各方面須隨時改進，學校書院制度亦其一。此則有貴於聖人賢士之隨時用心。

晚清變法，依康有為主張，先廢科舉。而孫中山先生五權憲法中，又特設有考試權。其深識遠見，超出於康氏者難以量計。

故政府用人之本在考試，而考試之本則在學校。學校在野，為學統道統之養育發源地。而考試則在上，為選賢用能之惟一根據。中國文化演進之三大進程，梨洲待訪錄一書，可謂已得其重要宗旨之所在。而其論學校，則可補中山先生三民主義與五權憲法所未及。中山先生於實行「憲政」之上尚有「訓政」一階段，惜乎國人忙於西化，乃未及注意及之耳。

今再明白言之，近代民主政治有總統，此即代替了古代之君位。有行政院國務卿，此即代替了古代之相位。民初有英國「首相制」與美國「總統制」之爭，實則君相一體，治平大道決非寄於一人，乃當寄於多人。唐代之中書省，如今之立法院；門下省，如今之監察院；尚書省，如今之行政院。合此三院，乃成一相位，而全部政府任務實已由此而定，此當最可取法者。唐代所缺，則在學校。中山先生之主憲政前先行「訓政」，學校實當為其一主要機能之所在。惜乎近代國人，乃無有注意及之耳。

九

由上言之，可知學校地位之重要。政府中人屬於少數，學校中人則屬多數。由學校培養賢能來組成政府，而政府公論仍當寄存於學校。此誠一大可嚮往之理想。

西方文化主「分」，學校代表「智識」，政府代表「權力」，又有教會代表「信仰」。既無一統合之道統觀，而政府治統，亦不能干涉學校與教會。學校、教會分別成立。政府民選，乃由民間納稅人掌理。凱撒事凱撒管，上帝事耶穌管，政教分離不相合。故西方實為一無統之社會，或統之於資本財富，或統之於政治權力與法律制裁，如是而已。是非標準，則尚多數決定。

中國則必有「統」，血統本之「自然」，政統出於「人文」，而道統則「一天人，合內外」。由多數中演出少數，又由少數中演出更少數，而其更少數，又必回歸於大多數之同然以為定。

若必如西方，以結黨選舉為政治之基本，則果使孔子出而競選，未必能勝於陽貨。戰國諸子出而競選，亦未必能勝於孟嘗、信陵、平原、春申之四公子及蘇秦、張儀之徒。故中國人重少數，而少數必宗於「道」，而此道又必傳於「師教」。孔子為至聖先師，乃為全中國人兩千五百年來所崇仰之惟一人物，為其他人所不可及。

依中山先生之三民主義，首重「民族主義」。依中山先生之五權憲法，必尊「考試制度」。又依中山先生軍政、訓政、憲政之三階段，於全國平定後，實行訓政，則應重「學校」。道統必在政統之上，而少數則必從多數中來。權力非所重，「道義」乃其本。庶亦有合於現代民主政治之大潮流、大趨勢，而不失為中國文化演進之第四進程矣。

即以中山先生之在廣州組成革命政府，然仍赴北平與段祺瑞、張作霖言和，蓋亦以政治理想非一蹴可冀，故主政則必崇道，主讓不主爭。孔子曰：「君子無所爭。」又曰：「君子羣而不黨。」中山先生之北上言和，亦有孔子「不黨無爭」之意。如其辛亥革命之讓位於袁世凱，言教不如身教，中山先生乃得為現代中國政治界理想一完人、一表率。「行道」尤重於主政，即中山先生一生之表現而見矣。豈必掌握政權，乃始得為行道之張本乎?民族文化傳統固如是，中山先生之躬行實踐亦如是。

「天生德於予」，中山先生其亦無媿矣。中國此下之希望，則終係於中山先生所倡之道，豈不昭然乎？若必一依西方，專以多數為重，必以分黨競選為民主政治之正規，則亦當分教會與學校於治統之外，政教分離，庶可稍減其病痛之大。否則政權乃為社會大眾惟一崇奉之對象，政統超乎道統之上，恐中山先生生平提倡革命，身為黨魁，亦斷無此意想。果使中山先生而亦同有此意想，則我中華民族五千年來之文化傳統，亦將墜地以盡矣！

求變求新，從頭做起，迎頭趕上，一味學西方，則五千年文化摶成之此一民族，永將不再存在。即民族血統而失之，其他尚何得言。嗟哉！國人其亦一再深思之！

（一九八三年四月八日香港中文大學成立二十週年紀念講稿，刊載於是年四月十一日香港時報，五月香港明報月刊十八卷三期。六月文藝復興一四三期轉載。一九八三年暑，曾收入宋代理學三書隨劄一書。一九八八年全文又重加修訂，改收入本書。）

五 個人與家國

一

中西文化不相同，主要在人與人之相互關係上。西方人似應主「性惡論」，互不相信，乃有「個人主義」。故人與人相處，惟有喫虧與占便宜，分利害，不分是非、善惡。即其男女婚姻結合為夫婦亦然。男女異性相愛，乃發源於人性中男女追求之一「欲」。中國人主「性善論」，能自信，亦能信人，乃有「大羣主義」。即夫婦婚姻，亦主要在此人羣結合之基礎上，故重信與義，乃是人生中一「公道」。不在愛與欲，僅屬人生中一「私欲」。

西方人信有上帝，乃創宗教。信科學，乃創唯物論。人與人不相信，其日常相處難，乃賴法律。法律具禁戒性、防止性、非有交付性與寄託性。於是人與人相處，惟有敵對與相爭。男女之間雖有愛，仍屬於與其他人之相爭。故西方人雖以戀愛為人生之至上，實際仍是人生一「爭奪」面，而非如中國之為一「和合」面。故西方婚姻，仍需法律。而西方人又稱「婚姻為戀愛之墳墓」。此因結為夫婦，戀愛已告完畢。不如中國人以夫婦為成家之本，即五倫之首。此又其大相異處。

西方「個人主義」，在其心理上，有一大缺點，即不肯承認自己一切行為中有過失，乃不能有謙讓心。遇有不如人處，但求慕效他人，卻不知悔悟己失。故其心理上只向前不退後，僅外顧不內視，僅知有進步，乃無「改過自新」一觀念。時間過，則一切行為全消去，因此亦無歷史觀。西方史學不發展，此當為一至要理由。

中國人認為人生，外面是物質，即自然，即天。內部是道德，即心，即人文。個人人生最屬自然，但個人必融入大羣中，乃得為真人生，即道德的人生。其重要關鍵，則在其有「家庭」。人生幼稚期不能自生活，端賴父母扶養。中國人男子二十而冠，女十八而笄，乃為成人，始得自立。此乃一種自然人生，中西應無大區別。

但西方人遵守個人主義，其幼年期與其晚年期，乃不列為人生之重要部分，曰平等，曰自由，曰獨立，幼年乃一人生預備期，老年則為人生衰退期，同不能自立為生，皆不得奉行其所主張所信守之個人主義。故西方個人主義，實在全人生中已打了折扣，非能完整美滿的推行。中國大羣主義則幼有所養，老有所安，老幼亦同如中年，各得其所，各為人生之一時期，君子無入而不自得。此之謂「天人合一」，乃成為忠恕一貫美滿完整之人生。

故中國大羣人生於「個人」之上則必有「家」，有「國」，而乃至於「天下」。盈天之下同此

「羣」。

西方人生，則於家庭亦不如中國，應視為有缺，更無論國與天下，端賴個人以個別為生。遠自希臘起已如此。羅馬一如希臘，仍屬個人主義。其有國，乃一帝國，與中國之為國大不同。國之上亦無天下一觀念。

此下歐洲人，莫不如此。迄今交通頻繁，五大洲已儼如一家。但歐化主宰，而亦僅有一「聯合國」之組織。即此組織，亦僅有名而無實，與中國人之「天下觀」終大相異，故亦無中國人「平天下」一觀念。

二

欲討論中西人生之相異，專就「個人」與「大羣」兩觀點言之，莫如就其「家」與「國」之相異而加之以辨別，更為易知而有據。

中西家庭相異，事較易知。而中西雙方國與國之相異，則事更明顯，而世人乃少討論及之。希臘未建有國，羅馬僅一帝國，乃併吞四旁他人之國以為國。實仍由希臘式之城市擴大而來，其主要中心仍為一城市。非如中國，國之中心乃各自之「家」，家之中心乃各自之「身」，由家擴大而成「國」。

羅馬覆亡，北方日耳曼民族有堡壘家庭之興起，始與中國家庭約略有其大相近似處。但於中國由家庭而為氏族，又由氏族而成為封建國家，日耳曼當時則尚無此進程，可謂乃僅中國封建之初步。近代人以日耳曼與中國同稱為「封建時代」，此實失之。當時之日耳曼僅得稱為乃中國「封建之雛型」。如一嬰孩與成年之相異。

又中國封建諸侯之上，尚有一「中央天子」，與其四圍之諸侯聯合成體。而日耳曼堡壘時期僅得稱為一王國，此外又有一羅馬教廷，此與中國之有中央天子大不同。則當時西方日耳曼諸堡壘，又焉得謂即如中國之封建？

故可謂羅馬帝國乃由希臘式之城市所化成，此乃自有其歷史淵源。而日耳曼堡壘貴族則由其家庭所化成，此則與希臘之城市大相異，而轉有近似於中國處，亦可謂歐洲中古時期，日耳曼乃始有略似中國式之家庭之興起。儻能再由此擴大演進，始可略有如中國式之封建諸侯之創始。而惜乎其終未能到達此境界。

此下日耳曼以外乃又有城市復興，仍由希臘、羅馬型轉進而成為現代國家之興起。其稍前中古時期日耳曼民族另一新式之演化，遂告停歇。

所謂近世歐洲之現代國家，最先如西班牙與葡萄牙，依中國觀念言，亦僅限於幾個城市，亦僅是些小城市，非大城市。而在西歐則竟分成為兩國。使葡、西諸城市，苟能進而再融和凝合成為形如中國式之一國，則其向外發展遠洋殖民，當可與此下形式大不同。

又如其北方荷蘭、比利時繼起，地面更為狹小，既不當分割為兩國，即便聯合，亦不該遽認為一國。如在中國，則僅如一國中之一府一縣而止。

英、法繼此四國而起，地面較大，其對外形勢亦與前四邦不同。而英、法實際亦只隔一海，相互交通便易。果能亦如中國，則兩邦亦僅如毗鄰之兩諸侯，和好交通，何乃遽成為兩帝國？

又使如英、法、荷、比、西、葡，果能自始即融合為一國，此從地形言，亦絕非甚大一難事。而能如此有一新國之興起，其航行遠出，影響所及，較之現代之歐洲史及世界史，其相異又當如何？全世界豈不將由此而改觀？而西方文化之本身內容，尤將遠異於當前，亦不待言而可知矣。

近代西方帝國主義已難繼續推行，但從不想到其已往之歷史，僅知互相模仿，把別人勝過自己處，盡情學習。使果見別人有何勝己處，而學習不到，則消極悲觀，不再向前。卻絕不知悔悟已往，作從頭之改變。試讀全部西洋史，豈不如此？

即宗教亦然，經長期之演進，亦無對原始之形式與其教義有何改過自新處。僅信有一上帝，而絕不自信。惟待「得救」，絕不能「自救」。

當前歐洲共分三十餘國，此可謂仍是一希臘型，惟擴張向外，稍帶有羅馬型。但皆絕非一中古時期北方日耳曼民族之貴族堡壘型。此乃西方文化最值注意，應加以分辨討論之主要點所在。

而其中古日耳曼民族之得能形成一現代國家，則其事晚出，此即後起之奧地利與德意志。故在歐洲，德國人最知慕中國。亦惟德國人與英、法諸邦不易相融和，而引起最近代之兩大戰爭。此兩大戰爭後，不僅德國以兩敗之餘而幸得僅存，即英、法雖連勝而今日則已臻中衰之境，亦將如希臘、羅馬之一蹶不復起，此非歐洲史一最堪悲觀與惋惜之例乎！

其次歐洲人移殖他洲創建新國，如北美洲之美利堅與加拿大，皆得形成為一大陸型之大國，與歐洲原始之海島型小國寡民大不同。而其文化傳統，則一仍其舊，無大變異。故今之美國與加拿大，亦僅以一大陸國而半島化、海洋化，乃亦終無以異乎歐洲之原始精神。此則又大堪惋惜者。

帝國主義之日趨衰歇，今日已成為歐族傳統文化一不可掩蓋之情實。最著者，如當前英國國內罷工風潮，日起不已。盡人只在就近「向資本主義」爭衡，不再承襲已往之資本主義「向外」爭衡。此亦同是一種個人主義，無可阻遏。

即當前之美國亦然。至少已不願棄其安居享樂之生活，再從事於向國外作帝國主義之侵略與鬥爭。遠自韓戰、越戰時影像已顯。兵力不振，威武減縮，何來保有帝國之強硬與尊嚴？英、美以外如蘇聯，其在援助阿富汗戰爭中，兵力不可謂不盛，歷時不可謂不久，遷延震盪，迄無所成。其勢沒落，亦已可想。

然則歐洲傳統之帝國主義已臻衰退，國際抗衡蔓延無結果，徒自虧損，有失無得。此下局面宜必有變。小國激烈相爭，乃更過於以前帝國之相爭。縱無刺激壓迫，仍不能和平相處。戰場風雲，平空特起，即如當前之伊朗與伊拉克，兵爭已達七年之久。而昔日之帝國，乃亦袖手旁觀無奈之何。

三

中國人言，「十年樹木，百年樹人」。何以樹人需百年之久？如孔子十有五而志於學，三十而立，以至七十而從心所欲不踰矩，此乃以孔子一生之學不厭教不倦，始得言「樹人」。但尚有被樹者。使無顏回、子貢諸弟子，又何所樹？然顏回之死，亦已年踰四十。孔子有「天喪予」之嘆。今合計孔、顏兩人之年，豈不已在百年之上。即如其他諸弟子，如子路、子貢及有子、曾子諸人，各與其師孔子相互合計，亦莫不各具百年。濂溪得遇二程兄弟，教以尋孔、顏樂處。非二程，濂溪之教又何所施？二程之受教於濂溪，僅兩夕之久，但以師生雙方年齡合計，亦當踰百年以上。又如范仲淹，面授張橫渠以中庸一書，此後橫渠由以成家，合計兩人年齡，亦已遠踰百年之上。故百年乃統師生雙方言。

今以一國之政事言，如美國，大總統任期四年即滿，連選得連任，但亦八年而止。美國大總統連任三期者殊少。試問八年間，治國安民，移風易俗，又何所施而遽得見效？美國兩百年來，大總統當及五十任，最有開創功業可言者，莫如林肯之解放黑奴。但解放黑奴，非即停止其為奴而止；解放後，必當繼之以「教化」。使黑人能與白人稍達平等地位，乃可言眞解放。

故解放非僅法律一名辭，必加之以教育功能，始得符解放之理想。但曾幾何時，林肯即去位，繼任者非復一林肯，無此理想。迄今黑白人同居一國，性情不相通，教育不相等，智慧能力不相及，待遇不相同，則黑人解放，豈不轉增美國政治上一經濟負擔，一社會難題與糾紛？而此下則漫無止境。但豈得謂此難題與糾紛，乃由林肯始創之。西方之政治悲劇乃如此。

漢武帝表彰五經，罷黜百家。使中國帝王亦僅以四年八年為期，而凡為帝王者，又必意見不相同，主張必相異，王位變，政事亦隨而變。試問此表彰五經罷黜百家之一事，其意義價值與影響，又當如何？

西方人不僅於一國元首之任期必加以限制，並對凡為元首者亦率無好感，必加以重重防戒與限制，此即國會之任務，乃得稱為民主。故為政府元首者，亦不得眞為一國之主。中國人稱「君主」，為君者必當有所主。使不許其有所主，又何必設此一君位。

故既名為民主國家，即不當有一政治元首。如古希臘即已然，乃不能眞實建一國。文化演進，有其傳統，迄今歐洲人仍是一希臘傳統，何嘗能有大變。

凡今西方所謂進步，如商業、如科學，皆與其政府及政治無關。凡西方國事，苟由政府處理，非經民眾監督，當盡成一亂。細讀西方史，徵詢西方人意見，何得謂之非然。

然則果繼自今，歐洲人反本復始，凡屬國家，當只許有小規模之希臘型，不再有大規模羅馬型，始得徹頭徹尾推行其個人主義與民主政治。遇共同事，則共同開會，加以商榷討論。希臘型之上，或可加之以猶太型，只許有教會，有教皇，有耶穌，而不再有凱撒。則今日世界交通如此方便，宜亦自有其可行之一途。西方人能悟及此，至少可消除其帝國主義之為禍，亦未嘗非世界一福運。僅有個人以直達於天下，豈不更為直捷而痛快。而無奈其無此機緣何！

故西方將來當由羅馬型返回希臘型，人窮則反本，大勢宜然。其最感困難者，當為商人重利輕離別之家庭制度。今日交通方便已遠異於希臘時代，出外經商，亦不必與家人久別。並可早謀退休，安享晚年之退休生活。則夫婦婚姻與子女團聚，實為此下西方人最當鄭重努力想望之一途。

最近美國有提倡祖孫三代同堂之新家庭制度出現，即其現實之一證。在此方面，中國傳統文化正好貢獻當代作一榜樣，取法無窮。儻徑自西方言之，則中古日耳曼堡壘時期之生活，正當鄭重取法，為此下歐洲新文化一淵源。此乃西方人親自其「海島型」而轉為「大陸型」一親切之實例。

四

天地生人，必生有男女，又必男女相配合，乃得下一代之續生，而有長幼之異。故「男女」與「長幼」，乃天生人類之兩大相異點。

中國人之五倫，夫婦一倫，即由男女相異來。其主要之父子一倫，乃由長幼相異來。此實五倫中之最要兩倫。此則太史公所謂「天人之際」，而「古今之變」亦無能踰此矣。

有夫婦、父子之兩倫，乃能由個人進而為家庭。既有家，乃有族，中國封建即由氏族來。由封建而統一，乃成為國。故中國之大一統，亦由氏族來。則由家有國而天下，亦一以貫之矣。於何貫之？曰，貫之於個人之一「己」，即貫之於其一己之「天」，即其「心」、其「性」、其「命」，即己之為男女與長幼而止。

「己」之男女長幼，即己之「天」。由天而人，由人而天，「天人合一」，乃始有家庭、大羣、政治、社會一切人道大義之可論。

而中國人之所謂「道義」，則即本於己，本於天，本於己之本性之有長幼男女，亦即本於「自然」。

中國道家重自然。儒家則重性命、重天，乃重人倫，即重長幼男女之別。故中國文化必兼儒道孔、孟、莊、老而始定。

中國儒家言仁、義、禮、智、信五常，「仁」居首，「信」居末，尤為五常中之重要者。而其所重則仍在各己之一「心」。仁在內，信在外。西方人不知有仁，其所信乃亦不在人而在天，在上帝，此為宗教。信於物，則為科學。宗教、科學皆可信，而獨對同類之人則無信，乃尚法。故大羣政治必尚法，有法乃可有政。

中國人則法不在五常中。五常皆主「平」，而中國人之法亦不重刑，而重平。西方則即以刑為法，而更無中國五常中之所謂平，故西方言法亦與中國人之法大不同。中國主常道，而西方則惟變無常。中國法以「守常」，西方則法以「制變」，亦惟刑法乃可常。此又與中國人言道與法之大同而可常者又不同。此亦中西文化一大相異處。

五

西方近代民主政治稱「法治」，中國傳統則當稱「禮治」。詩云：「相鼠有體，人而無禮。」禮者，人類大羣生活一共同體。長幼相教養，男女相配合，始得成為人。幼老孤寡，皆非人生之正常。而天下則為人羣綜合一大體。故鼠生以「身」為體，而人生則以「羣」為體，即以「禮」為體。

「禮」之主要，即在長幼男女。又禮分賓、主。人之祭天地，則天地亦當為人生中一體。故曰：「一天人，合內外。」

而禮之本源，即由「己心」之性命中生。故孔子曰：「人而不仁，如禮何！」仁即人心，而禮則由長幼男女始，故孝弟婚姻則為禮中之尤大者。有夫婦乃有父子，父子為天倫，夫婦乃若為人倫，中國人言夫婦為五倫之首，則豈不天倫乃轉本於人倫。非人又何以見有天？則人為主，而天為副。此尤見中國傳統之道更具深義之所在矣。

故中國人言「一陰一陽之謂道」，乃先陰而後陽。若以天為陽，以人為陰，則豈不猶先人而後天。又天乃其陽，地乃其陰。天地乃其陽，而人生之長幼夫婦則其陰。中國人之言長幼夫婦，有時則其意義價値乃更親更重於天地。而近人則謂中國人重男輕女，至於中國長幼之倫則並所不知。如中國人言孝道，近人並謂之乃封建思想。則此先陰後陽之道，又誰與深論之！

孔子又言：「十室之邑，必有忠信如丘者焉，不如丘之好學也。」又曰：「古之學者為己，今之學者為人。」為己之學，即如忠信，亦以為人。為人之學，則以他人為工具，非忠無信，轉以為己。

今日之西方人，其學皆盡為人，實則乃個人主義。即如經商牟利，己之所利，皆在對方，則非對方又烏所學？但學為人，蒼生何限，又何可學？今日則交通方便，四海如一家。為人之學，更浩瀚而無窮。其學已亂，又焉能有所得。乃至無可學。而今日之世界，其對人之道，皆無學可言，則豈不亦一絕大問題之所在乎？

（一九八七年七月作，刊載於是年十一月動象月刊十一期。此文發表後，又重作修訂。）

六　西方個人主義與中國為己主義

一

近代人稱西方為「個人主義」，其實中國亦同是個人主義。個人乃人羣之本源，使無個人，又何得有羣？

但中國與西方之個人主義乃大有分別。西方偏重物質方面，故其所謂個人，乃以「身體」為本。中國偏重精神方面，故其所謂個人，乃以「心性」為本。此乃其大別所在。

故中國人不稱個人，而稱為「己」。乃謂一切道義責任全在「己」。故「為己之道」、「為己之學」，實即中國之個人主義。

「己」由父母來，非父母，何來有己？故中國人道最重孝。然生必老而死，非有子女，則己之生命即斷絕。因有子女，己之生命乃得持續不斷，故中國人又重慈。有夫婦，乃得生子女，故中國人又重夫婦和愛之道。「愛」與「慈」與「孝」，乃中國倫常大道之本。其本在己之一「心」，此即可謂中國之「個人主義」。實即與「大羣主義」無異致。

故中國人之倫理，由「夫婦」乃有父母子女，又得有兄弟姊妹。由「個人」而成家成羣。我之子女，又與人之子女配為婚姻，成為夫婦。於是而中國之家乃有內外之分。「家」之擴大為「氏族」，再由氏族擴大而為「邦國」。故古之國，皆以氏族成，如陶唐氏、有虞氏、夏后氏皆是。再由諸國推尊一天子，於是而成為「天下」。凡天下之人類，乃得和合成為一大羣，而相安以為生。由個人而至於天下，此乃中國文化理想之極致。

二

大學言：「大學之道，在明明德，在親民，在止於至善。」「德」在一己之內心。其心能愛人，愛及天下，此曰「親民」。天下無不在彼我相愛中，乃為「至善」，而大道即止於此。天下人共尊一天子，以成其為一天下。即如一身之五官四肢，共尊一心，此即為人道之至善，即止於此，不復可進。故大學言修身、齊家、治國、平天下，其本則在於「正心」「誠意」。但此心、意之達於身、家、國、天下，其間必有「知」。而所知則必格於物。此所謂物，非指自然物質言，乃指一「目標準則」

言。如射，必有一目標，即稱為物。子女之孝，父母即為之物，即其目標。孝道得中，故曰：「致知在格物。」五倫各有一對象，格物者，即到達此對象。故知亦有賓有主，此即謂之「禮」。中國人言德，如孝、弟、忠、信，皆有一「對象」。人心一切之知，亦各有一對象。如孝，其對象即父母。求眞知父母，乃能眞知己心之孝，故格物乃能致知。非眞知父母，眞知孝，即不格於物。中國人道理乃如此。

故中國人之個人主義，必知「彼」「我」同是一人；盈天下大羣，亦同是一人。人與人相處，必互有其道。故中國之個人主義，即「平天下」之道，貴在己之能盡其「心」。儻能人各盡其心，即盡達此標準，則天下大同而達於太平之境矣。

西方人之個人主義則不然。西方人當主性惡論，其所謂人，乃指其「身」言，不指其心言。人身同是一物，故西方又可由個人主義而達於「唯物論」。盈天下皆是物，人與人亦如物與物。彼我無情，乃惟有以法治，無中國人「仁道」與「禮教」之觀念。其哲學思維，亦必以唯物論為主。即為唯心論，亦謂心以為然，乃屬知識，非關情感。故西方哲學亦「尚智」而「非仁」。此乃中西思想之大不同大相異處。

今儻以大學「格物」之物，亦認如「物質」之物，即以西方科學謂是格物，則大誤無可得解矣。

三

其次再言「主觀」與「客觀」。

西方個人主義乃為個人謀取權力與福利，其對象在外，乃對物不對人，純憑知識，不憑情感。其對人乃為一種手段，非道義。所重乃在對象，即物，只在外面，故重客觀。若如中國倫理，夫婦、父子、兄弟，則己心與對象、客觀與主觀，和合成為一體，復何主客之分？

故西方人言知識，專在外在物質方面，與我不同體，貴能有證有驗。故其哲學家言「眞理如一張支票，能向銀行兌現始得」。

中國人則心安理得，理在心中，當下即是。己心即是一銀行。故中國之個人主義，在如何自盡一己所受「天賦」之性情，來對家庭、對人羣，能孝弟、能忠信。其對象雖亦同在外，而其重要用力處，則內在己心。如何自盡吾「心」，自竭吾「誠」，其主要用力仍在「己」，在主觀方面。此其大不同處。

個人對父母之「孝」，對夫婦對兄弟之「愛」與「和」，對國對君之「忠」，對社會對朋友之「信」，如何善盡我一己之性情，以達於家、國、天下吾所處身之大羣間，其一切領導，皆在一己內心之「性情」上。西方人因重對外謀利，故其知識重對外，真理亦即在外。中國真理則不離一己之性情，故其大本大源則曰「誠」。誠非主觀，亦非客觀，「天人合一」乃得誠。

由其一己之性情，而謀獲種種向外之需求，此非西方科學專用意在外面物質上者之所能。在中國則一切行為當謂之為「藝術」。故「儒」乃「術士」之稱，而儒家所習則重在「六藝」。書、數皆在六藝中，則文學與科學亦當在六藝中。

使西方科學而亦得成為中國之六藝，則斷不能有如近代核子武器之類之發明。故西方文化主要中心，可謂只是一種科學的，乃是一種「工具」的。而中國文化之主要中心，則應屬一種「藝術」的，即是「本體」的，非工具的。

西方科學的基本知識在數學，而中國藝術的基本表現則可謂在音樂。中國人一切學問，其最要基本，都表現在文學，如古詩三百首。即中國之文學亦與音樂融合而為一。詩三百，修身、齊家、治國、平天下，以感以應，一以貫之。而所重則在「賦」，即寫實；在「比」在「興」，即賦之所由來，亦即「天人」之一體。由是而擴大悠久，則人文化成，人類全體文化，亦胥本源於此矣。

今日吾人之所謂民族文化，亦當如一詩之所興。故中國人一切學問必尚「文」尚「雅」，而詩經三百首，乃為中國人有關性情、道德、文化、歷史之第一部最先著作。「俗」之一字，不文不雅，乃為中國人所鄙視。西方人則不然，並無中國一「雅」字，更不論其意義價值之所在；只重一「俗」字，故其為羣亦僅止於小國寡民。緜延迄今，近人則尊之曰「時代化」。更又何從得深言？

重客觀，則必流於中國之所謂「俗」。西方科學上一切大發明，無不求能通俗，「俗」即是一種「客觀」。中國人則重「心知其義」，「人不知而不慍」，「知我者其天乎」！此為「己心」之一種「主觀」。主要在自求己知，不貴人知。如大舜之種種孝行，豈為求人知。只重己心能孝，非為求人知，則孝純是一種主觀，自盡吾心，如是而已。惟人心相同，人心猶吾心。大舜之孝，乃得百世而常存。

西方科學，則貴在能發明，即知人之所不知。其所發明，主要則在物理上，故重客觀。中國人則重在一己性情之發現與踐履，重在心理上，故重主觀。而人心相同，故主觀亦即客觀。此又中西一大相異處。

四

西方個人主義各為己私，私與私相爭，求解決，乃尚「法」。法從何來？乃貴民主多數由公議而來。但其多數，由中國人言之，即為一「俗見」。且亦僅限制於一國之內，而其國又必是一小國寡民，更無所謂天下。不得已而有國際之多數，但今尚未眞能到達此境界。如今美、蘇核子彈之爭，仍得由美、蘇兩國自求解決，豈能由國際會議來求得一解決？則「民主」與「個人主義」，豈不亦成一相反？其實法律與個人主義亦正相反。西方文化豈不其手段與目的正相反？此所以終必成一悲劇。

中國人則「法」之上尚有「禮」。禮分賓主，雙方對立並存。實皆個人，而融成一體，而「己」為之主。故禮以己心為主，由主觀，不由多數，非客觀。「尚禮」與「尚法」，此又中西文化一大相異處。

中國人有「敬天」之禮，行禮之「主」仍在「己」；所敬之「天」亦為「賓」、為客，非得為禮之主。孔子曰：「祭神如神在，吾不與祭如不祭。」則雖天之高明，地之廣大，亦由我之一己之心為之主。西方個人主義，惟尚法，無個人。凡個人，皆受法統治，更何論其對天與地。西方人對付天與地者乃科學，但其能力亦有限。豈如中國人之禮，天地亦為之賓，故中國人有禮乃可無宗教。其實西方宗教亦仍以上帝為主，不如中國人之禮，乃以己為主。故中國之「為己主義」即個人主義，其意義與價值，在此方面實可謂乃遠勝於西方。

中國人尚禮重主觀，此主觀亦在心，不在物。故中國人一切權衡皆在「心」。西方人則一切在法，權亦外於己，非己心之所能主。則所謂個人主義，其果何在？此實大值商討矣。

一切「可指」皆屬物，不屬天。西方宗教如「上帝」，亦屬可指，亦當屬「物」不屬天。中國「天」字，乃本人心之主觀。中國人教人尊天，乃教其心之主觀，非以客觀之天教。由中國人言之，則天亦惟在我心之主觀中，客觀之天，則除物質外，無可言。即如中國人言父母，亦只言吾心中之父母，即吾心之主觀。非有吾心之孝，又何來有父母。若只求客觀，則父母亦同是一人，同只一身，與我無甚深之相干，此豈孝子心中之父母？故孝子心中之父母，亦即如一天，同出孝子心中之「主觀」。不能除卻己心，只憑客觀以西方之科學方法求之。此不可以不辨。

西方哲學中有「唯心論」，此謂天地間一切皆非物而是「心」。此心亦非中國人之所謂心。中國人主張物是物，心是心，而一切心與物皆可為「客」，而由「吾之一心」為之「主」。孔子曰：「七十而從心所欲不踰矩」，此乃孔子一己內心之自由，並非如西方唯心哲學之心。此乃中國人所主張個人主義之最高境界，此一境界，乃中國人心之同所想望而非盡人之所能達者。顏子所謂：「如有所立卓爾，雖欲從之，莫由也已。」即指此境界言。今以之謂此乃中國人之個人主義，實則即猶如天。其然豈其然？盼賢達者自加明辨之。

五

今再回就西方歷史。西方人以個人主義之發達，而醞釀出近代工商業資本主義之成就。共產主義之興起，乃其一種反動。但其同為一種「物質主義」、「個人主義」，則並無二致。

今果使美國資本主義不消失，則蘇維埃之共產主義亦難弭平。而如當前之英國，則罷工運動繼續不絕，往昔之資本主義已日就消退。而如當前之法國，則共產黨員已成為其一國之元首。然則西方文化之趨勢，惟有如當前之英、法，資本主義與共產主義兩俱消化，庶為可能。

果苟如此，前途又當何如？當惟有仍保守其個人主義，而或能轉而化為中國式之個人主義。則世界人類生活，豈不將趨於「大同和平」，「天下一家」，庶乎近之。

余幸得生而為一中國人，言念及此，亦惟當求「從心所欲不踰矩」之一明訓，一大教。此當非余一人之幸，實乃全天下人類共同幸福之可寄。企予望之，企予望之。

（一九八七年八月作，刊載於是年十二月動象月刊十二期，此文發表後，又重作修訂。）

七　中西政教之分合

一

西方文化「主分」，中國文化「主合」。一切皆然，政教亦無不然。西方政教分，中國政教合，乃為中西文化傳統一大相異處。

耶穌唱教，謂上帝事上帝管，凱撒事凱撒管。耶穌乃猶太人，凱撒乃當時羅馬行政首長，猶太人亦在羅馬統治下，故耶穌雖唱為天主教，但不能管凱撒事，此乃當時一權力限止。而凱撒則仍管耶穌，釘死之於十字架。此為西方政教分一大來源。

此下歐洲國家皆承羅馬帝國來，各國元首無不信耶穌教，而亦無不繼承凱撒。乃正式形成一「政教分」之局面，政之外能有教，此亦可謂當時西方一進步。

如今美國，大學最早全由教會創立，如哈佛、如耶魯皆是。其建校全在美國開國前。美國總統主持全國行政，大學則不在管轄下。美國開國已兩百年，逐漸有州立大學之創建，但迄今仍無國立大學，此為西方政教分一顯證。

至於中小學，則稱國民學校，此制乃由德國人發起。為一公民，必受國家共同教育。此下歐洲國家相率模倣因襲。此見政教雖分，而終有其不當分而當合處，亦即此可證。

二

中國人主政教合，但究當「教合於政」，抑「政合於教」？其間亦有歧異。孔子志在承襲周公，其門人謂：「學而優則仕，仕而優則學。」孔子本一平民，苟得志而仕，最高希望亦僅得為周公，不得為堯、舜、禹、湯、文、武。是孔子所主政教之合，乃「教合於政」，政為主，而教為從。學術當求合於政事，而政事為之主。故及其老，乃曰：「道之不行，我知之矣。」此乃孔子自知其無望於政治，故其告顏淵曰：「用之則行，捨之則藏。」謂若得用於政，則行道於天下。苟不獲用，則惟有藏道於身。其終生從事教育，乃亦其藏，非即行道於天下。故曰：「學而時習之。」「有朋自遠方來。」而繼之又曰：「人不知而不慍。」雖學徒羣集，而終不能行道於天下，故曰：「道之不行。」是孔子意，教必待於政而其道始行一明證。

下及漢武帝，表彰五經，罷黜百家，孔子儒學乃大行。漢高祖得天下，本約非劉氏不得王，非有功不得侯。所謂功，乃指軍功，即助漢得天下者。而漢武帝獨起用東海一牧豕奴公孫弘為相。既拜相，乃封侯。此下漢室遂從高祖以來之軍人政府而完成為一「士人政府」。非治儒家孔子之學，即不得仕於朝。但政學合，實自秦始皇帝已然。

秦始皇帝統一天下，李斯為相，乃楚國一儒生。齊國人蒙恬為將，始皇帝太子扶蘇，乃在蒙恬軍中為一僚。其焚書案亦從宦相李斯議，是始皇帝時已政學合，惟學術之主不在儒家。戰國時，已有「士貴王不貴」之理論。此皆中國文化傳統主「政學合」之明證，而求其所由來則甚遠。惟周公以上，政教合主要在「天子」；周公以下，政教合主要乃在「相」。不同在此而已。

自漢武帝表彰五經後，即有朝臣言：「自古無不亡之國」，乃勸漢帝早求禪讓。其實中國在封建時代，國之上尚有天下。秦室統一，一國乃即如一天下。此所謂「無不亡之國」者，乃指天子中央政府言。但此下漢室之亡，非即中國之亡。二十五史屢見王朝興亡，而中國之為一國，則常存不亡。故顧亭林言：「有亡國，有亡天下。國之興亡，肉食者謀之。天下興亡，匹夫有責。」此謂亡國，即指中央朝廷言。亡天下，乃指民族文化傳統大道言。在當時，明室已亡，而天下猶存。所謂「天下」，實即指中國，此又不辨而可知。

但既有「國」與「天下」之分，國之重要性偏在「政」，而天下之重要性則偏在「道」。故政學相通，有時可指國言，有時則指天下言。一國政府之亡，非即天下之道即其民族傳統文化之亡。政府雖亡於上，而其道則尚存於天下。如明室之亡於滿洲，非即中國之亡即是矣。其實遠在春秋時，列國諸侯周公之道已亡。而尚存於孔子之門。孔子聚徒講學，所講即周公之治平大道。於是而政學相通之機關所在，乃亦有所轉變。其先如孔子，所講之政學相通，其重要點乃在上在政。此下則漸轉而為「百家言」。政學相通之大義，乃全轉在下不在上。

唐韓愈師說已言：「師者，所以傳道授業解惑。」則師之所在即道之所在，政學相通，亦可謂其先乃通於師門。故韓愈又謂：「師不必賢於其弟子，弟子亦不必不如師。」則師弟子之相傳，主要即在「道」。今如以周公為師，孔子為弟子，則孔子之道，豈不猶勝於周公。此其說，下迄宋代而大顯。

周濂溪教明道、伊川二程兄弟「尋孔顏樂處」。道不行而藏於孔、顏之身，而孔、顏之心則有見其大樂。能得其樂，斯亦其道之不亡矣。如是則政學合，乃轉而合於一在野學者之「心」，非即合於在朝之君相。合在「學」，非即合在政。周濂溪當荊公變法上下相爭時，發明此一大義，實即中國傳統文化自孔子以來一千餘年一大發現，一大進步。二程承之，宋學遂興。而中國此下之士氣與政風，乃亦從之而大變，此尤値加之以深論。

二程同時尚有張橫渠，其言有曰：「為天地立心，為生民立命，為往聖繼絕學，為萬世開太平。」此其主張政通於學者，乃益顯。下迄南宋，論及朝廷政治，則益不如北宋。而論及在野之學術大義，則有朱子其人者出，其學乃更顯更大於周、張、二程，可謂其「集理學之大成」。朱子又有論、孟集注、學、庸章句，定為四書。簡要明白，實遠過於以前之五經。而當時朝廷乃亦以朱子與北宋程伊川同列為「偽學」。此益見政學合之主要乃在學，不在政。「政」乃當代一時事，「學」則傳統長流，可大可久，益進益通，其道無窮。

三

當時陸象山與朱子持論異，世稱象山為「心學」，朱子為「性學」。西方個人主義亦可謂即心學。性學則「通天人，合內外」，非個人之可盡。故論「心」，必求其能通於「性」。猶之論「人」，必求其能合於「羣」合於「天」。論「政」，則必求其通於「學」通於「道」。故朱子必求「政學合」，而象山則可求此心離於政，此乃一大相異所在。換言之，就象山言，天下太平即可於己之一心求之。而朱子意，天下太平則必推己以及人，由心以及性。亦必由政以及道，乃可得其至正宏通之所在。

明代有王陽明，理學家乃分陸、王與程、朱。陽明講「良知」，亦如象山之重心。但陽明必勸其弟子出而應朝廷考試，而不求離政以言道。其弟子王龍溪、王心齋皆拒不應試，僅求在野講學，亦可謂不主政學合，乃主政學分。跡近於西方之個人主義，而其所講之道則益大益廣，亦可謂乃由個人而逕通於天下。若必求政學合，則己之所學有時不免乃為政所限，轉不如陽明弟子二王之學之所達矣。

今按二王之學，主政學分，不待在上之有王者興，而天下自臻於大道。使二王而生於當今之世，宜亦同意於西方政學分之主張，而欣然有會於其心矣。

其時有抗其說以起者，則為無錫顧憲成、高攀龍之東林學派，主學必通於政。朝廷大臣起而應之。乃有所謂東林黨，於政治上掀起大波浪，而明代終亦以亡。同時有劉蕺山，雖亦自稱治王學，但因蕺山亦浙人，特因其風順其勢而云云。其學則宗在東林，亦主政學合，不主分。此下黃梨洲即承之而起。至如顧亭林、李二曲，則皆與東林有關。故顧亭林有「亡國」「亡天下」之辨。國之要在「政」，天下之要在「道」。論學而重道，自當主政學通，不主政學分。而學則尤在政之上，此則自北宋周、張、二程以下而即然矣。

四

論天下亦必仍言政。尤其如言：「非我族類，其心必異。」則言天下大同，非可即忘民族心性之相異。此層亦當深論。

清儒有呂留良，其為學乃可謂深明民族大義，即以注朱子四書，供一般應朝廷科舉者參考，而大張其撻伐滿清異族之深心。湖南有人讀其書，走告陝督岳飛後人岳鍾祺，勸其反清。案發，呂留良發棺戮屍，舉家貶關外。清廷又特舉其生前相識一低位知縣官陸稼書升孔子廟，遂引起在野學者之不滿。

時有戴東原，乃以徽籍一舉人，受鄉里排斥來京師，依附朝貴，大唱其訓詁考據之學，為孟子字義疏證一書，排斥朱子，以漢學考據闢宋儒義理，謂其皆妄言失據，一時遂有漢學興起，與宋學相抗衡。

其實清儒漢學，乃以反宋學，其用意乃在反朱子之四書集注與章句。其內心用意乃在反清廷之科舉考試。亦可謂乃出於當時學者之一種民族心理。而一時學風乃羣尊考據，鄙薄義理。其實宋儒言義理，何嘗菲薄考據？而漢儒之考據，又何嘗菲薄義理？今以義理考據分別漢、宋，此實清儒時代風氣之偏見，而其內心深藏，實亦有一種民族感之潛意識存在。但論戴東原其人，則遠不如呂留良。論其內心之深藏，在東原之一己亦不自知。苟非加以一種深切明白之考訂，又何以掘發其一時議論之由來？

但宋儒義理既經排斥，而漢儒考據則無當實用，於是乃有公羊學之興起。其實清儒之公羊學，即亦主政學合，決不主政學分。而下迄清末，康有為乃以「今文經學」之公羊學而主保皇變法，不主排滿革命。此主張之是非得失，實不值商討。但康氏實亦主張政學合，則仍是一舊傳統，惜乎康氏一己亦未能暢言之。

孫中山先生起，始唱「三民主義」，尤為中國傳統政學合之一新發現、新創造。故其所講演，乃與西方學說大背其趣。如其自居為一黨之創始人，乃先知先覺；謂其黨人乃後知後覺；而黨外民眾則為不知不覺。此尤與西方政黨之組合大相違背達於極端。今日國人則偏向於西方之政學分，乃不敢稱道及於中山先生，更不論於引伸而發揮。

五

今再言西方古代，如希臘不能自建為一國，此事人人知之，可勿詳論。如羅馬，意大利人，豈得自視為與羅馬人同一國？其他意大利半島以外人，又豈得自視為與意大利人同一國？當時乃以軍力合成一帝國。就實論之，實非中國傳統之所謂「國」。征服地與被征服地，顯有甚深的區別。國不啻即如一天下，而實亦非一天下。故羅馬帝國之覆亡，其被征服地之獲解放，決非如中國在一國之內有朝代之興亡。

即如近代美國與加拿大、澳洲，本同是英國殖民地，一旦解放，同謂興國，同獲平等、自由與獨立。如印度之於英國，亦獲得其平等、自由與獨立之地位，而大英帝國則僅有失而無得。如今全世界，苟使人人同獲其自由、平等與獨立，則決有其失者，而失者固為誰？

如中國，則自黃帝、堯、舜以來，歷史綿延，疆土日廓，乃獨常有得，而不見其有失。如舜之興，未見為堯之失。禹之興，亦未見為舜之失。更如漢之興，亦未見為秦之失。唐之興，亦未見為隋之失。秦失而為漢，中國之為中國則自若。隋失而為唐，中國之為中國又自若。故一家之存，而祖父子孫則可不斷有死亡。死亡之與承續，乃得合成一氏族之緜延。中國二十五史，朝代興亡，而中國之為中國則自若。此如孔子以來，子孫相承已七十餘代，而孔家之為孔家則自若。故父與子雖有別，而其分別中自有其共同處。政與學之別與同，亦大率如是矣。烏得因其有別，而不認其有同。

六

西方與中國之相別，乃在其文化。文化在人，非屬天。如希臘人至今猶存，羅馬人亦然，此皆屬天。西方宗教亦如此。故西方人心中常有一上帝，一天堂。雖亦同有一世界，但世界終有一末日，而上帝與天堂則自若。西方人之政學相異，實乃一「天人相異」。如西方科學亦屬天，不屬人。如原子彈雖殺盡一世人，而原子彈之科學原理，則豈不當仍存在於天地間？此在西方乃謂之「客觀眞理」。此亦學與政分別相離之一證。

故西方人論學，或崇宗教，或崇科學。愈近人，則愈見其不盡然，而無可恃，如是而已。故西方文化自中國語言之，實可謂乃「有天無人」，天人不相合。中國人則主「天人合一」，人當合於天，天亦當合於人，乃始無憾。

今言政與學，自文化淺演民族言，當以政為主、學為從。自文化深演民族言，則當學為主、政為從。今日西方可謂已是文化深演之民族，故可以有學而無政。若其能然，則當為西方民族一大幸。如科學日有進展，而政治則全歸消失，不再有國與國之別，此非人生一大幸乎？

儻人生果能離於政而日進，個人相別，而天下太平，世界大同，此在中國，有莊子乃作如是想。莊子內篇七篇，首逍遙遊，由鯤而變為鵬，乃可由北海以達於南海。其實今日科學發達，一架飛機即可周遊五大洲。莊周之逍遙遊，已人人可得。如是則何賴有國別？無政治分別，而亦同時可無學術分別。

故逍遙遊之下，繼之有齊物論。如孔子，如墨翟，自莊周視之，皆可齊論，則其別自消。一切皆平等，則自由獨立惟其所願。

其次乃有養生主與人間世。人生惟求一存在。惟「存在」與「消失」，不可得而齊。故「養生」與「處世」，乃人生主要事。既主養生，又主處世，此則與印度佛教之必求離家出世乃大相異。既求出世，則不如無生。然果在世，則必明明德。求明明德，又貴有大宗師。既主有大宗師，則必仍主有「學」。

但既有「大宗師」，亦仍有「應帝王」，則人世間一切如學、如政，莊子皆所不廢。惟其應帝王者乃「渾沌」。是非邪正，高下得失，皆不加分別，正如此乃始得為大宗師。

莊子又言，「南方之帝曰儵，北方之帝曰忽」，其言「儵忽」，是莊子雖亦知時間，而不加重視。此若與西方文化大義雖終有異而近似於同。儵忽乃可歸於渾沌，而西方文化不重時間，惟求儵忽，不求渾沌，此則與莊周異。

荀子評莊周，謂其知有天而不知有人，此亦猶西方之尊自然而忽視了人為。故亦可謂莊周乃中國文化傳統中主張較近個人主義者。老子繼起，則又稍異。

老子言：「同謂之玄，玄之又玄，眾妙之門。」其主「同」，非如莊周之必超萬物以為同，乃即在萬物之相異中求其同。故又曰：「失道而後德，失德而後仁，失仁而後義，失義而後禮。禮者，忠信之薄，而亂之首。」若謂惟天有其道，則老子意，失於天者不遠，而亦尚可有德與仁與義。其謂至於禮，而天下始大亂。如政治，必有君臣上下之禮。而西方則棄禮而言法。其實法之求同，尚過於禮，當更為亂之首。故孔子曰：「聽訟吾猶人也，必也，使無訟乎。」西方人則只知聽訟，僅言法治。自政學分論之，則法在政，不在學。故西方言政，只重法，不尚學。

法非學，究當謂之何？惜今尚不聞西方有人討論及此。又西方大學中自有法律學系，亦自有政治學系等，則見西方亦尚知政當有學。但乃學於政，而非本於學以立其政。

又西方大學皆原始於教會，此亦西方政學分之來源。然最先教會設立大學，只有律師與醫生兩科，是教會之言政，亦僅知有法律。醫學迄今仍在科學中，則法律之在西方亦當如政治之有醫學矣。故西方之言政治，乃若僅知其有害，尚多於其利。

其實西方宗教亦不得謂之學。僅主信仰，非學問。故從西方傳統言，當言信與學不同，尤要於言政與學不同。如憲法，如刑律，皆需學習，皆可討論，並亦各有學校分科設教，而終必謂之政教分，蓋必本於政以為教，而非本於學以立政，其政與學之別乃如此。

七

西方人何以必言政教分，因西方人最貴言自由，而政治則專重法。故言民主，即法治。但一切學問，當決無成文可守，亦決不言法。即從教會言，從學校言，亦均各有法。如大學肄業幾何年得畢業，又幾何年得入研究院，豈不皆有法。今從西方一切大學之法定言，又豈得謂大學法與政治民主法不同。其不同，究何在？中國人言學，則轉無法。如從師，幾何年始獲畢業，又何年始得從師入學，在中國皆無法。其他類此者尚多，不勝舉。如孔門分四科，曰德行、言語、政事、文學，此乃孔子自言之。非如西方之有法定。故顏淵入孔門，非即進德行科。子貢入孔門，非即進言語科。則可謂西方人之從學必有法，中國人則無法可言。豈不顯臻明白乎？

西方尚個人主義，一切信仰學術皆貴自由，獨民主政治則必尚多數，重法律，非可僅言自由。故其言政，則必與學相分。然則西方政治，正見其不合於其自己之崇尚個人自由之文化大傳統。若必求合，則不如言無政府主義，不如仍歸於古希臘。中國傳統文化則尚大羣主義。君者羣也，政治乃羣道中最高之一種表現。中國政治不尚法，乃尚禮。「禮」即人生之大羣體，吉、凶、軍、兵、嘉五禮，無一非大羣相處之道。其大本大源，則在一心之「仁」。故曰：「人而不仁如禮何，人而不仁如樂何。」禮樂皆從人心來。人心有仁，乃有禮樂可言。刑法則其不得已。此則政與學，豈不一本於人心。求仁而得仁，又何分異之可辨。此則中西雙方文化大本大源相異之所在，豈僅名言之分乎。

近人又謂人類中無聖人，故主政學分。耶穌教即主人生原始罪惡論，與中國人之主張「性善」有大不同。此乃文化上另一問題。必謂人中不得有聖人，此則大背中國人心性之自信。其中深義庶不於此贅言。讀者其試反己以求之。

（一九八七年六月作，刊載於是年八月十七至十九日聯合報副刊。此文發表後，又重作修訂。）

八　天性與學問

篇壹

論語孔子曰：「十室之邑，必有忠信如丘者焉，不如丘之好學也。」是孔子重視「學」，尤過於其重視「性」。故其弟子言：「夫子之文章可得而聞，夫子之性與天道不可得而聞。」文章所言即指學問人事，亦即涵有教育意味。至於性與天道，下至孟子始昌言之。論語則僅言：「性相近，習相遠。」是其重後天之「習」猶過於重先天之「性」亦可知。

西方人好言「專門」之學，與中國傳統中之「通德大道」不同。姑舉近人為例，如美國大總統雷根，其少壯曾從業於電影。孔子十有五而志於學，三十而立。雷根之立，當在其為電影演員時。乃又轉業政治，被選為州長。論其年齡，當已在孔子不惑知命之年，及其出任美國大總統，則已近孔子從心所欲不踰矩之年。試問雷限之從心所欲與其早年之從業電影，先後之際，有關無關？在其總統任內，多遭美國民眾反對。其他是非且不論，專論其對吾臺灣人，依人生大道論，可謂已違眾望，絕非羣心之所在。即其赴中國大陸，亦又何曾得中國大陸之眾望？其對中國如此，其對他國亦可推知。要之，雷根不得謂乃當前美國理想一總統，則不待深論而可定。

西方人凡事「尚分」，凡業「尚專」。政治人物亦貴分，亦貴專。但又尚多數，尚合一。故凡一切學業專家自貴其專門者，均不宜上政治舞臺。惟不學無術，乃肯聽從多數，乃能勝任而愉快。美國立國兩百年，總統當達五十任，最先華盛頓開國，功成身退，可謂一難得人物。其次惟林肯主張解放黑奴，引起南北戰爭，在歷任大總統中，乃為最有主見有貢獻之一人。但功成身退。至今美國人與黑人顯分畛域，各有界限，此豈林肯當年主張解放黑奴之所望？其他各總統四年一換，連任亦僅八年，在如此短暫時期中，又豈能有厚德大功可言？美國之獲有今日，可謂乃歐洲小國寡民遷居北美大陸，形勢大相異，乃得有其特出之表現。然美國亦一民主國家，眾意所趨，仍在各自富強，不能如中國之重大羣全體，重和平安定，求聖求賢，求德求道，乃重少數傑出之人才。

多數求富求強，有時可盛，但經久則必衰。及其衰，則無可再振作。於何證之，即證之於西方本身已往之歷史。遠自希臘、羅馬，迄至近代英、法諸邦，無不皆然。即如當前之美國，其勢亦已然。歐洲兩次大戰以後，美國一躍而為世界列強之盟主。然美國實亦已臻於衰境。先言強，在前有南、北韓之戰，次之有南、北越之戰，大隊美軍面對北韓、北越，皆弱小不足道一敵人，而久戰後均僅得一和局。今則其在南、北越可謂已全歸失敗。其在南、北韓尚猶相對抗衡，未臻定局。此其衰已可知。

次言經商財富。最近數年來，美國亦繼續走下坡路，衰象顯見。何得復盛，尚難預估。美國史與歐洲史究竟無絕大不同處？迄今亦尚少人論及。此則誠可為美國前途一隱憂。

西方社會一衰不復盛之主要原因，在其一切皆求之在外，求之他人。不如中國之求之己，求之內。今美國之經濟衰退，亦必有其內在之主因，而美國人則一切責之外，惟求對日、對臺、對韓作種種要求，而不知如何對己，以善自為謀。此即當前最具體最真實之一例。要之，求之者在己，一切所求皆在外。依中國人言，「己」則大本大源之所在，豈可反置而不問？

當前中國之病，則在一意崇慕西化，亦僅知求之外，不知求之內。先則一意崇美，但終未有得，抑且不勝其有失。乃又轉而求之蘇聯，其弊乃更甚。今則一國分而為二，一尚美，一尚蘇，而終不見國是之所歸，蓋已不知內在一己之猶存矣。繼此以往，或美或蘇，將終不知其何所歸。或曰，中國之舊之老，烏得重運用於當前。不知老與舊可「變」可「新」。其變其新，其要則仍在己，不在外。惟知外，不知己，則又何變何新之有？

今當論中國之老與舊，乃屬「人事」。人事之前尚有「天命」。人事則自強而日新；父母老，子女繼之，此則有天命。西方人有國無家，實即只有人不知天。其天則一歸於宗教。中國則「天人合一」，家國合一，父母子女亦一貫相承融為一體。天命即在「人性」中，故不言老與舊，但曰：「苟日新，日日新，又日新。」「天命維新」，此乃中國民族悠久生命之所寄。其中深義，能稍讀中國史便知，又何老與舊之可憂與可悲！

天命何在？曰，即在各自家中之子女身上，決不外在。然則何以教我之子女？曰，先教其孝。父母即子女之天，近在己心，不在天國與上帝。移孝作忠，修身齊家，乃可治國，抑且可以平天下。「反之己」，而即得之。不內求之己心，而惟外求之於宗教、科學與哲學，抑又求之於西方之則富與強力，更又求之西方之法律。皆非生命所在，全出人造，更何天命之有！

或疑中國之慈孝，又何以敵西方之富強？不知西方富強日在變，上古之希臘、羅馬，當前之英、美，無不日在變。中國慈孝，乃「常道」，歷五千年不變。人事可變，道則必常，此下當可更歷萬年仍不變。西方現態，乃一時偶然。中國常道，則可與時俱新。

今論中西文化大相異處，西方個人主義不得成為羣，其成羣則端賴法。法即以防制其小己之自由。中國則大羣主義，家、國、天下相和合，此謂之「道」。修己以道，乃得以己身融入於大羣中，與西方之法大不同。當前臺灣崇尚西化，已能列入已開發國家中。然在此一年之內，子女親手殺其生己之父母者，已在三次以上。司法者目之為神經病，乃不加嚴刑。其實中國之不能如西方，正為尚有此古老之家庭，尚有子女孝父母之舊觀念之留存，尚未眞到達西方個人主義之境界。其然豈其然？則待吾中國人之能自捫己心，庶自知之。

倘謂西方人亦知「常」，則惟宗教之上帝。但上帝之獨生子耶穌乃猶太人，非歐洲人。猶太人尚能知有羣，但不能知有國。故耶穌唱教，乃謂上帝事上帝管，凱撒事由凱撒管。美國短短兩百年，已有五十任凱撒。凱撒既倦，誰來管凱撒事？在歐洲人中，惟英國似乎比較尚能知「有常」，因此英國尚保留有一不管事之王室，能比較不遽倦，故獲較長時期之綿延。此下歐洲人，眞不知須變向何處去？人事不可知，則惟安心以待之而已。

或問蘇俄當如何？竊謂蘇俄居歐洲最寒地帶；比較最少變，或能延期稍長。但最寒地帶，亦終非人類所常居，故雖常而終不安，則亦仍不能常可知。

今再反就吾中國言。英、美人現已知倦退，或繼之而蘇維埃人亦知倦退，則中國人百年來崇外媚外之心理，亦將失其所嚮往。儻能由此而反就己身，重返於修、齊、治、平之傳統大道，則不僅吾中國人再有文化復興之望，或亦可播諸海外，使全世界人亦能同有所嚮往。則實不只吾中華民族之大幸，亦使全世界人類同霑其澤，同向和平統一之大道上安步向前。吾幸而得生為一中國人，又不幸而生為一當前之中國人，誠不禁其馨香禱之，企而望之矣。天乎！天乎！其終將不負於此心，則五千年來之往聖先賢，固已期望之久矣。此心即天心，天其將終不負此心，則又何份外之求乎？孔子七十而從心所欲，全世界人類其亦七千年而得從心所欲乎？企予望之！企予望之矣！

篇貳

人類天性有「同」有「異」，有其大同處，亦有其各別相異處。舉其著者，如伊尹聖之任，伯夷聖之清，同為聖人，而「任」屬積極，「清」屬消極，極端相異。柳下惠聖之和，「和」則居任、清兩端中。

任與清各一極端，亦惟極少數人能之。和則在兩端間，非任、非清，似為一種平庸之「中道」，應較為眾人所能，故曰：「用其中於民。」故中道亦可謂即「庸道」。其實中國傳統文化，此下歷史人物似乎乃極少伊尹與伯夷，多屬柳下惠之和，此即所謂「中庸」，亦可謂乃大眾之「常道」。但柳下惠除孟子書中偶此提及外，其他古書中亦少提到，正證其較常較庸，不能與伊尹、伯夷相比。中國之所謂「聖」，本亦不能與常人相擬。如堯、舜、禹、湯、文、武、周公，此豈常人所能及。孔子一生勤學，開門授徒，弟子七十餘人。如孔子，乃始為常人所易及。故孔子實亦非任非清，即似三聖人中之柳下惠。而此下遂羣尊孔子為「至聖先師」。其地位意義價值，乃若更超堯、舜、禹、湯、文、武、周公古代諸聖人之上。故中國人常兼言「中庸」，「中道」即是「庸道」，乃必從絕大多數中表現出極少數之人物來，此亦所謂「執其兩端用其中於民」。其義深細，又誰歟識之。此亦即中國文化崇尚「中和」之道之一證。

其實西方亦何獨不然。西方人崇尚個人主義，最多亦只道中之一端；羣體則為西方人所不知。猶太人似知有羣體，如耶穌唱教，亦即世界大羣主義。又如最近馬克思提倡共產主義，亦可謂又是一種大羣主義，或即世界主義，乃為古今歐洲人所不及。但此兩猶太人唱導，終不能不顧及外面多數之歐洲人，挾有一分退讓心。如耶穌言「上帝事上帝管，凱撒事凱撒管」，實即對當時羅馬人一讓步。但此一讓步，卻為耶教留下莫大毛病。又如馬克思提倡共產主義，卻又主張「唯物史觀」，此亦為對當時西方人一讓步。但此一讓步，亦留下莫大病根。則所謂執其兩端用其中，實乃一至難之事。難即難在其所謂「中」處。

如最近全世界提倡運動，各式各樣比賽不下百種。此種運動會，可以使全世界異種異國人共聚一堂，相互作競爭，和平歡樂融洽如一家，非不為一佳事。但每一運動必爭勝負。運動究當與競爭異。提倡競爭，絕非一佳事。兩事併作一談，誠可謂執其一端矣，乃不勝其為害，此又誰歟知之。

運動會之外，西方人主要生活乃在商場上。中國古人日中為市，以己所餘，易其所無，各得所需，交易而退。此則中國古代商業，豈不極合人生之需要。迨後漸變，但「信義通商」，「言不二價」，仍與西方古代希臘相傳以來之商業，性質有不同。而如漢代之「鹽鐵官賣」，正合於近代西方人之所謂「國家經濟」政策。故中國漢、唐以下，國內國外經濟通商，非不茂盛，而商業終居社會四民之末。與西方商業可謂正走了相反之兩極端，此又當為中國傳統文化一特徵。

又自唐代以下，國家考試取士，應考者必須呈報身家清白。所謂「身家」，自祖父及於己身，共三世。所謂「清白」，即未嘗經營商業。苟其三世中或曾經商，即不得應試。其警戒嚴厲有如此。豈不堪為中國傳統文化一特徵？

孔子曰：「十室之邑，必有忠信如丘者焉，不如丘之好學也。」忠信即屬「天性」，運動會競賽與市場經商皆需「學」，但與孔子之學則不同。觀於本篇上所引述，亦可見中國人之所謂「學問與天性」之所在矣。此為討論辨別中西文化異同者，所不可不知，故特舉此言之。

篇叁

孔子曰：「性相近也，習相遠也。」論語此八字，可謂已說盡了全世界人類，自古迄今，生活大同，文化相異之大概情況，而無所逃逸。即如歐洲古希臘人，何嘗非自幼即由其父母養育長大，則其家人父子之慈愛心、孝弟心，豈不亦當與其他民族相類似，而無所違異。但希臘人居住半島上，以出海經商為業。商人重利輕離別，不論父子，即夫婦亦常相濶別，故其婚姻則曰「戀愛自由」，其人生則主「個人主義」，此皆限於其居地之習慣，何嘗是學術思想有以致之。所謂哲學，僅對此等情事加以廻護。所謂文學，則對此等情事加以誇張，而遂以成其一時之所謂希臘文化。與其他處民族文化之主要相異，多在「地」不在「天」。

但古希臘人不僅沒有天，實亦沒有地，而成其所謂自古相傳之個人主義。同時有猶太人，乃與希臘人大不同。猶太人亦同樣未建一國家，同樣到處經商，但與希臘人有一大不同處，即猶太人並非個人主義，而每抱有一「大羣」觀，四處播遷，每舉羣而往，其個人生活均不離其羣。如其遷往埃及，乃亦舉羣而往。直至於今，希臘人仍居希臘，而猶太人則遍歷全世界，而亦無不成羣。故希臘人尚守「個人主義」，而猶太人則多「世界主義」，此乃兩族人文化傳統上一絕大不同點。

其實歐洲人之文化莫不自希臘開始，故亦同為個人主義，其中亦有世界性。前之如耶穌之基督教，後之如馬克思之共產主義，實同具一世界主義，而亦同出於猶太人。其文化之大風濤，起伏遷流有如此。

羅馬文化實亦自希臘文化來，但雖羅馬、希臘同屬一半島，而其四周環境則不同。羅馬乃自海外經商而轉為整軍經武之帝國主義。其與希臘人之大不同處，不在其先天之人性上，而在其後天之環境與習慣上。此層易於推論，不煩詳及。

歐洲何以自羅馬帝國以後，又來一中古時期？此乃由島國轉向平原陸地，亦屬地不同，性不同，而其習亦不同。此下又從沿海城市之文藝復興，而最近世之歐洲新國家，始再由古希臘、羅馬之遺型轉變來。

其先由葡萄牙、西班牙，此正猶希臘、羅馬之由一海島小地面開始。繼之乃演變出法國、英國來，則如羅馬之形成為一帝國，而與其中古時期北方之大陸封建，則情勢有不同。居地變，生活習慣亦隨而變。

然論其人生天性，則人生必有家庭父母。家自天來，性情亦應無大不同。故大英帝國之殖民地，遍於五大洲，日光所照，必見有大英國旗之飛揚。但英國人終以英倫三島為其家。其在異地實僅是經商，非殖民。如其在印度與香港皆然。惟其至北美洲，在美國與加拿大，又如在澳洲，皆到少人居住處，其情形乃大異。乃始舉家而往，成為遷地移居。

今謂歐洲人推行個人主義，其實如前說，又何嘗是個人主義。亦可謂其與中國傳統之家族主義實無大分別。此則孔子之所謂「性相近」。惟其如此，故英、美兩國實無大不同。惟英國人居海島，而美國人則居在大陸，雖亦同屬經商為業，而美國自開國以來，至今兩百年，全國已達五十州之多。一美國人在其國內經商，到處所見盡是美國人，全是美國家庭。此與英國人之出海經商，或則一人出海，所遇所值，皆絕不同。在其心理上亦當有大相異處。故美國自開國以來，至今僅兩百年，而情勢已與原先之英國人有大變。稍究人類天性，在其人情相類似處，亦不難加之以說明。

美國最先只有十三州。此後又擴大，自北至南，自東至西。成羣結隊而往，實與英國人出至印度或香港經商大不同。但習焉成性，久後則心理變化，終有其大相違異處。美國人心不忘其由來，時時須取法於其祖國英倫。因有哲人杜威謂「眞理須如支票向銀行兑現」，其意乃指眞理須從實際經驗來，非從模效來。國人胡適之尊師杜威，乃一意模效美國，謂乃振興中國之惟一道途，則又大失之矣。故自人情之常言之，一英國人赴印度，與一紐約人至舊金山，論其內心感觸上，實有大不相同處。

余嘗在美國紐海文耶魯大學任教，遇其校友返校紀念日，每隔十年作一分別，如一九六〇與五〇、四〇等畢業生每同年返校。是年所遇返校者，多有高年至八九十歲者，遠自西部南部來，徧訪往年故居，興味不倦。於幼年時肄業一學校，其感情有如此。試問其於幼小時所養育之家庭，其情感又當如何？余每與美國人宴會相聚，彼等問余必屬中國家庭事。言辭間，彼輩決非不知家庭之可愛，父母兄弟姐妹之可親，此亦人之常情，凡屬人類無不同然。即其他禽獸同此性情者，亦非尠見。一旦時移勢易，家庭舊感情忽然復活，此非不可想像不易想像之事。惟英國人仍居海島上，則與移居大陸之美國人，宜有不同，如是而已。

商人重利輕離別，此乃一時之習俗，決非人類之天性。又人類愛鄉居，不愛城市，此亦天性。中國乃一農業民族，尤愛田園詩，歷兩千年之久而勿衰，實遠勝於城市詩。此事盡人皆知。今日國人則譏此為守舊。其實每一人之天性皆屬舊。使其回念幼年生活，無不樂於流連徘徊，有不堪回首之歎息。此則人情皆然，無可生疑。今美國遠自四百年來，已顯為一大陸人，即顯不願再為一島國人。即如一英國人，亦決不願再為一希臘人與羅馬人。今人乃謂人心好新，其實亦無不好舊。謂其喜變，實則亦喜常。今以一生歷五千年文化傳統之中國人，而心中忽喜為一歐美人，此誠喪心病狂一悲劇，天生人性斷不如是。

又如一貧窮人，生活不能自足，出外經商牟利，此猶可說。若一富有人，仍不知居家享福，仍求遠出經商，則所為何來？今美國人已為世界首富之邦，則亦宜其倦而思返矣。

商場之外有戰場，乃更係不得已而起。羅馬之帝國主義，亦由外面形勢逼來，非由其衷情自然興起。美國既安且富，歐洲忽起戰爭，英倫乃其祖國，美國之遠道出兵相助，此亦人性宜然。實則美國自離英獨立後，即已是一和平民族，非一好戰民族。及歐洲兩次戰役皆獲解決，英國皆其優勝者，人心易倦，不再有以前勇往直前之勇氣。但美國人自經兩度參加歐戰後，已成為世界第一強國，遇事不宜坐視不問。而其內心深處，天性所在，則又決不喜多問外事，更不論參加戰役。近之如其在韓國，繼之如其在越南，兩度啟釁，美國皆出身擔當。但其在戰爭中，皆主守不主攻，主和平不主爭取勝利。其尚居世界首強之地位，早已有其名而無其實，又更何論於當前之今日。

今論歐洲史，自古希臘、羅馬以來，資本主義、帝國主義皆一時居地積習使然，而非出於人類大同之天性。故其最後乃終成為今日之希臘與羅馬，而更無其較遠大之成就與發展。美國則居地不然，乃必自生變化，有非原始歐陸諸民族諸國家之所能類似推參者。斯其內在性情之變，雖居地相異，終自有其大同處。英國仍是一小島國，美國則已成為一大陸國，則宜遇有此變而不足深疑矣。

以上皆余一人猜測之辭，然乎？否乎？余所不知。然余念天地生人，生大陸平地人，應是其常。生半島小島人，應是其變。其在美洲早有紅印度人，為何不如希臘、羅馬、英、法諸國人？當知天性乃有其可能，而非其必然。可能在天性，而必然則屬「人文」。人生之可貴者乃在此。中國古人之勝於美洲紅種人者亦在此。使中國人而移居為一海島人或半島人，如日本人、韓國人，其已往歷史亦當與希臘人、羅馬人不同。即如越南人，亦絕與法國人不同。天地之間，各有其偶然。惟人類中，有如中國人所稱之大聖大賢者出，則決非偶然，而有其「必然與常然」。

中國中庸言：「天命之謂性，率性之謂道，修道之謂教。」希臘人、羅馬人、英、法諸國人，亦皆率性而行，不得謂其非道。但尚待有大聖大賢出，而行其教以修其道，此則惟中國人為獨然。與西方人之有耶穌教仍不同。西方有耶教，但同時仍許有凱撒。中國人有堯、舜、禹、湯、文、武、周公、孔子之教，而同時無凱撒。是則西方宗教乃天與人同存。中國則道皆出於教，人必本於天，此又中西一大相異處。

以上余之對當前之美國，雖屬一種推測之辭，正貴有如中國之大聖大賢者出，由「可能」變而為「必然」，由「天命」變而為「人生」，此則必貴於有中國人之所謂「修道之教」矣。

中國有莊、老，乃提倡「率性之道」。有孔、孟，則提倡「修道之教」，此又一相異。西方人每多能瞭解中國之莊老而加以欣賞，於孔孟則終不免有所隔離。今日在美國，正貴有孔孟者出，斯則誠人類前途大幸運所在。

歐洲西方人最知慕效中國者，惟德國人。德國立國最晚，又偏近於為一大陸國。法國近海，類於英而遠於德。德國所知慕效亦僅莊老，非孔孟。莊老主「近天」，孔孟始「依人」。中庸言「修道之謂教」，「修道」則全賴人。世界人類皆僅能率性，惟中國乃有孔孟修道之教。今美國儻能一變其常，自異於歐洲，而轉向中國，則當近孔孟在莊老之上。乃能自「修身」上進而達於「治家」，此始為其不可及處。

若論科學，中國道家稍近之。故近代英人李約瑟治中國科學史，舉例亦多涉及道家言。其實莊老科學僅重在工業製造上，而儒家言科學，則更重在農業行為上。孟子言天時、地利、人和，皆指農業言。而其言天時、地利，非即今之科學而何？此下陰陽家更進於近代西方之科學，乃雜取儒、道以為言，不得謂其遠儒而近道。故中國儒家所習皆言「藝」，又言儒即「術士」之稱。余嘗謂中國乃「藝術文化」，實則中國之藝術。即包有西方之科學。惟中國人加進一「禮」字觀念，乃為西方人所不知而不能。今日儻美國而中國化，其最先一步，亦當知中國之「崇禮」。而今之美國則僅知有法，不知有禮，則又何途之可前？

又中國儒家言「貧而樂，富而好禮」，人生貴能安貧，安貧亦即道。富而好禮，則不以富驕人，乃以己富均於人。今日美國商業，方退處於日貧之境，乃惟此之為憂。所以治此病，又不責之己，一惟責之外。其最近之對日本與臺灣，皆其例。臺灣為中國舊文化所在，乃知有讓。日本則不然，美國亦無奈之何。中國人言「途窮知變」。當今之美國，乃惟知有變，而不知有途窮，則何由知處變之道？不學無術，斯則大可憂慮者。

今再要言之，美國已在變，其變首在家庭，至於其何以變，此則在人道，而美國人不自知。中國人當前舉世惟美是崇，繼今以後，前途又當如何？此則更尤可憂矣。或當俟美國途窮無道，中國乃窮而知返。中國人能變，此下乃知指導美國以俱變。此則所望尚遠，又非當前之可幾。惟天無絕人之路，則惟待人之善自為之矣。

孔子曰：「齊一變至於魯，魯一變至於道。」然當孔子之世，齊既不能變之魯，魯亦不能變之道。今則當謂「美一變至於中國，中國一變乃至於道」，此專指家庭一觀念言。但如今大陸家庭，乃更不如美國甚遠。則當云「中國一變乃至於美，美一變始至於道矣。」「家」更重於個人。果能自個人主義而變至於有家，斯即人道一大進步。

今再言由家而至於國。今日美國之民主政治尚個人各別競選，此層尤當先變。中國則孫中山先生之三民主義，不言選舉；而特言考試制度，而今日中國國民黨已鮮知此義。知有國，不再知有家，此正中國人西化一大堪憂慮處。惜乎中國人知此者尚少。美國當前之變，決不會變向中國來，此則猶可預言者。然而父慈子孝，則乃人之天性。西方人當前尚少此一途。美國前程或終有其可希冀者，此則人道之大行。

今再綜合言之。人道有家斯有國。又當於國之上有天下，此乃中國傳統文化之所在。美國當前之變，是否能及於此，則在人之自開新徑，自創新道。固不必一一拘守一規，斯亦可矣。更復何言。

（一九八七年六月作，刊載於一九八八年一月動象月刊十三期。此文發表後，全文又另作修訂。）

《錢穆先生全集》總書目

甲編

國學概論
四書釋義
論語文解
論語新解
孔子與論語
孔子傳
先秦諸子繫年
墨子　惠施公孫龍
莊子纂箋
莊老通辨
兩漢經學今古文平議
宋明理學概述
宋代理學三書隨劄
陽明學述要
朱子新學案（全五册）
中國近三百年學術史（一、二）
中國學術思想史論叢（全十册）
中國思想史
中國思想通俗講話
學籥
中國學術通義
現代中國學術論衡

乙編

周公
秦漢史
國史大綱（上、下）
中國文化史導論

中國歷史精神
國史新論
中國歷代政治得失
中國歷史研究法
中國史學發微
讀史隨劄
中國史學名著
史記地名考（上、下）
古史地理論叢

丙編

文化學大義
民族與文化
中華文化十二講
中國文化精神
湖上閒思錄
人生十論
政學私言
從中國歷史來看中國民族性及中國文化
文化與教育
歷史與文化論叢
世界局勢與中國文化
中國文化叢談
中國文學論叢
理學六家詩鈔
靈魂與心
雙溪獨語
晚學盲言（上、下）
新亞遺鐸
八十憶雙親師友雜憶合刊
講堂遺錄（一、二）
素書樓餘瀋
總目